多元背景下
高校篮球教学探究

李春林　著

全国百佳图书出版单位

吉林出版集团股份有限公司

图书在版编目(CIP)数据

　　多元背景下高校篮球教学探究/李春林著.--长春：
吉林出版集团股份有限公司,2023.6
　　ISBN 978-7-5731-3678-7

　　Ⅰ.①多... Ⅱ.①李... Ⅲ.①篮球运动－体育教学－
教学研究－高等学校 Ⅳ.①G841.2

　　中国国家版本馆 CIP 数据核字(2023)第 106826 号

多元背景下高校篮球教学探究
DUOYUAN BEIJINGXIA GAOXIAO LANQIU JIAOXUE TANJIU

著：李春林

责任编辑：欧阳鹏

技术编辑：王会莲

封面设计：豫燕川

开　　本：787mm＊1092mm 1/16

字　　数：205 千字

印　　张：12.5

版　　次：2024 年 4 月第 1 版

印　　次：2024 年 4 月第 1 次印刷

出　　版：吉林出版集团股份有限公司

发　　行：吉林出版集团外语教育有限公司

地　　址：长春福祉大路 5788 号龙腾国际大厦 B 座 7 层

电　　话：总编办：0431—81629929

印　　刷：长春第二新华印刷有限责任公司

ISBN 978-7-5731-3678-7　　　　定价：54.00元

前　言

篮球运动自问世以来,以其独特的娱乐性、技术性、观赏性、竞技性和健身性,得到了广泛开展与传播。在百年发展历程中,篮球运动已经成为世界三大球体运动之一,得到了世界人民的喜爱。与此同时,在体育强国的时代背景下,随着健身思想日益深入人心,篮球运动又作为一项大众体育活动而被广泛普及。篮球运动作为体育运动的重要一环,在高校体育教学中同样占有非常重要的地位,篮球运动不仅能够促进大学生身心的全面发展,同时也能培养良好的身体素质与社会适应能力。

高校篮球运动的教学与训练工作具有非常重要的作用,它影响着学生参与篮球运动的科学性及运动水平的提高,影响着学校体育教学的发展,更影响着高校学生身体素质的培养。篮球运动如何进行教学才能取得理想的效果,如何开展训练才能提高运动水平,这是篮球运动教学与训练需要研究的问题。篮球教学训练的目的是为学生提供正确的指导,因此篮球运动教学与训练工作要从学生的需要出发,做到以人为本,同时还要严格贯彻"全民健身"的指导思想。

本书旨在促进篮球课程教学的研究,形成良好的学校篮球运动发展体系,推动高校篮球运动更好地发展,促进系统科学理论在篮球教学中的应用。

本书在撰写过程中,参考和借鉴了许多篮球理论研究与高校篮球教学方面的书籍与资料,在此对相关作者表示最诚挚的谢意。另外,由于时间和能力有限,书中难免存在不妥与疏漏之处,恳请广大读者批评指正。

目　录

第一章　篮球运动概述

第一节　篮球运动的起源与发展

一、篮球运动的起源

1891 年,美国马萨诸塞州斯普林菲尔德(旧译"春田")市的一名体育教师詹姆斯·奈史密斯博士为了让学生在寒冷的冬季也能进行体育锻炼而发明了一项室内集体游戏活动项目。

他将在室外进行的一种有趣的投篮游戏移至室内,当时选用足球作为游戏用球,并将起初摆在地面上的篮筐悬挂于室内场地的两侧距离地面约 10 英尺处(相当于公制单位 3.05 米)的墙壁上。游戏规则与在室外投篮一致,还是向篮内投掷,投入篮筐内得 1 分,以哪一方先达到游戏开始前设定的分数为决定胜负的方法。

在固定器材方面,起初使用的是带有底部的篮筐,但由于每次进球后都要爬梯子将球取出后才能再继续比赛,比较麻烦。之后逐步将竹篮改为活底铁篮,即进球后通过篮下的手动装置让篮筐的底打开,使球掉下来。后来干脆将篮筐底部取消改为铁圈下挂网,然后挂在两端墙壁的立柱支架上,篮筐下挂网的目的在于能够让裁判看清球是否入筐。后来为避免球被投掷到场外,在篮筐后面增加了挡网,以至于有些国家起初把篮球称为"笼球",意为在笼中进行的球类比赛。

起初人民把这种游戏称为"奈史密斯球"或"筐球",后来奈史密斯与同行们通过推敲,最终将这项游戏活动取名为"Basketball",英文直译为

"篮筐球",简称"篮球"。这一项目后来逐渐发展完善,成为世界上影响最大的运动项目之一——篮球运动。

通过不断实践可以看出,篮球是一项身体接触非常频繁的、具有较强身体对抗性的运动。为了使对抗变得正常合理,避免运动中发生过多的因不合理对抗而产生的受伤情况,奈史密斯及日后的体育工作者们便开始针对这项运动制定某些限制性的规定。此后在篮球运动的发展过程中,组织者不断地改进比赛方式和规则,从而使篮球运动逐步得到规范和完善,并开始向现代篮球运动过渡。

二、篮球运动的发展

(一)初创试行时期(19 世纪 90 年代—20 世纪 20 年代)

19 世纪 90 年代,篮球运动无明确的竞赛规则。场地大小、活动人数不限,仅在室内一块狭长的空地两端各放一只篮筐,竞赛时把参加者分成人数相等的两队,以横排方式分别站在场地两端界线外。当竞赛主持者在边线中心点把近似现代足球大小的球向场地中心区抛起后,两队便集体奔向球落地点抢球,随即展开攻守对抗,将球投进筐一次得一分,累计得分多者为胜,而每进一球后都需要按开始时的程序重新比赛。

1892 年,奈史密斯将比赛场地按照进攻方向分为后场、中场和前场,同时明确了比赛的要求,如不准个人持球跑以及限制攻守对抗中队员间身体接触部位等,对悬空的篮筐装置也做了明确规定。不久,他又提出了13 条简明但必须严格执行的比赛规则。其中包括:比赛时间分为前、后两个 15 分钟,其间休息 5 分钟;比赛结束双方打成平局时,若双方队长同意,可延长比赛时间,先投进球的队为胜;掷界外球规定在 5 秒钟内完成,超过 5 秒钟时,裁判可判违例,由对方发界外球;某一方连续犯规三次,判对方投中一个球;可以用单手或双手运球,但不允许用拳击球;不准用手或脚对对方队员进行打、推、拉、拌、捶的动作,违者第一次记犯规,第二次判犯规者停止比赛,直至对方投进一个球后才允许该犯规队员再次进入场地参赛;对故意或具有伤害性质的犯规行为,则取消犯规者该场比赛的资格,而且该队不得换人;等等。此后,比赛场地由不分区域到逐步增划了各种区域的限制线,如中圈及罚球线,不久又增加了中场线;篮圈也由铁圈取代了其他形式的篮筐;篮圈后部的挡网也换成木质规则的挡板,并与铁质篮圈相连,接近于现代使用的篮板装置。具体为:竞赛开始,由中圈跳球,赛中的队员也开始有锋、卫的位置分工,前锋、中锋在前场进攻,后卫负责守卫本篮和把球传给中场和前场的中锋和前锋。至此,现代篮球运动的雏形基本具备。

从 1904 年第 3 届奥运会上美国队举行了国际上第一次篮球表演赛至 20 世纪 20 年代末,国际间虽未有统一的篮球运动规则,但每队上场人数已基本定为 5 人,进而球场有了电灯泡式的限制区和罚球时的攻、守队员分列的站位线。但是,此时攻守技术简单,仅限双手做几个传、运、投的基本动作,竞赛中以单兵作战为主要攻守形式,战术配合还在朦胧时期。

1891-1920 年,由于篮球比赛的趣味性较强,篮球运动在美国学校迅速得以推广,并先后传到欧洲、亚洲、澳洲及非洲。

(二)完善、推广时期(20 世纪 30—40 年代)

进入 20 世纪 30 年代以后,篮球运动迅速向欧、亚、非、澳四大洲的许多国家推广、发展,篮球技术不断改进,单兵作战的基本形式逐渐被掩护、协防等几个人相互配合的形式所取代。为了推动世界各国篮球运动的发展,1932 年 6 月 18 日,由葡萄牙、罗马尼亚、瑞士、意大利、希腊、拉托维亚、捷克斯洛伐克、阿根廷八国的代表酝酿组织,在瑞士的日内瓦成立了国际业余篮球联合会,并以美国大学生篮球竞赛规则为基础,初步制订了国际统一的竞赛规则。例如,规定每队参赛人数为 5 人;场地上增加了进攻限制区(将电灯泡罚球区扩大为直线罚球区的 3 秒钟限制区);进攻投篮时,若对手犯规,则投中加罚 1 次,未投中加罚 2 次;竞赛时间由女子 8 分钟、男子 10 分钟一节共赛四节,改为 20 分钟一节共赛两节;进攻队在后场得球后必须 10 秒钟过中线,不得再回后场等。1936 年第 11 届奥运会上,篮球运动被列为男子正式竞赛项目,现代篮球运动从此登上国际竞技舞台。

20 世纪 40 年代,随着篮球技术、战术的不断演进、发展,特别是运动水平的提高,高大队员开始涌现,篮球界也对篮球规则进行了充实、修改。例如,严格了侵人犯规罚则和违例罚则;篮板分长方形和扇形两种;球场中圈分为跳圈和禁圈两个圈;球场罚球区的两侧至端线,明确分设了争抢篮板球的队员的分区站位线等。这些规则使篮球技术、战术不断变化和充实,并各成体系地向集体对抗方向发展。到 20 世纪 40 年代末,进攻中的快攻、掩护、策应战术,防守中的人盯人防守、区域联防等战术阵型和配合,已被各国篮球队所运用,篮球运动在国际间进入完善、推广的新时期。

(三)普及、发展时期(20 世纪 50—60 年代)

20 世纪 50—60 年代,篮球运动在世界各地得到普及。特别是随着篮球运动技术、战术的创新发展,规则与技术、战术之间的不断制约和相互促进,篮球运动对运动员的身高也有了要求,高度开始成为现代篮球竞赛中决定胜负的重要因素之一。由此,一种利用高大队员强攻篮下的中锋打法风行一时,篮球运动员选材进入了一个向高大体型发展的新时期。特别是 1950 年和 1953 年在阿根廷和智利举行的男、女首届世界篮球锦标赛上,高大队员威震篮坛。国际上开始流行"得高大中锋者得篮球天下"的说法。这些使得篮球规则中增加了在场地和时间上对进攻队的限制。如 20 世纪 50 年代,篮下门字形 3 秒钟区域扩大成梯形 3 秒钟区;一次进攻有 30 秒钟的限制以及进入 20 世纪 60 年代中期一度取消中场线(60 年代末又恢复)等。攻守区域的扩大,高度与速度的相互交叉、渗透,使比赛中的速度、技巧、准确性、争夺篮下的优势成为竞赛胜负的重要条件,有力地推动了攻守技术、战术的全面发展。例如,进攻中的快攻、"0"字形移动掩护突破快攻以及防守中的全场紧逼人盯人防守,成为当时以快制高、以小打大的重要手段。20 世纪 60 年代末,世界篮球运动开始形成以美国队为代表的高度、速度与技巧相结合的美洲型打法,以苏联队为代表的高度、力量和速度相结合的欧洲型打法,以韩国、中国队为代表的矮、快、灵、准相结合的亚洲型打法,篮球运动跨入普及、发展的新时期。

(四)全面提高时期(20世纪70—80年代)

进入20世纪70年代以后,身高2米以上的队员大量涌现,篮球竞赛空间争夺越发激烈,高度与速度的矛盾更加尖锐,高空技术的发展和占有高空优势就显示着实力,篮球竞赛名副其实成了巨人们的"空间游戏"。为此,规则对高大队员在进攻时有了更多的限制和要求,这有利于调动防守和身高处于劣势队员的积极性。随之,一种攻击性防守——全场及半场范围内的区域紧逼人盯人防守和混合型防守战术展现出新的制高威力。1973—1978年,竞赛规则中又多次调整了犯规次数,增设了追加罚球的规定,促使防守与进攻的技术在新的条件制约下,向既重高度、速度,又重智慧、技巧、准确、多变的方向发展。这些表现为:进攻中全面的对抗技术、快速技术、高空技术结合得更加巧妙;传统的单一型的攻击性技术、机械的战术配合和相对固定的阵型打法,被全面化、整体性、综合性频繁移动中穿插掩护的运动中打法所取代;防守更具破坏性和威胁力,个人远距离斜步或弓箭步站位干扰式防守和单一型的防守战术,被近身平步站位,积极抢距、抢位,身体有关部位主动用力的破坏型的个体防守和集约型防守战术所取代。尤其自1976年第21届奥运会篮球赛(女子篮球被正式列为奥运会竞赛项目)和1978年第8届男子世界篮球锦标赛后,篮球运动高身材、高技巧、高速度、多变化、高比分的特点,特别是高空技术有了进一步发展。这一趋势和特点到20世纪80年代则更为突出和明显。为此,20世纪80年代中期,国际篮球联合会又对篮球竞赛规则中有关进攻时间、犯规罚则做了修正,规定了远投区,增加了3分球规定等。

(五)创新、攀登时期(20世纪90年代至今)

进入20世纪90年代以后,国际奥委会允许职业篮球队员参赛,给世界篮球运动开创了新的发展渠道和方向。1992年,在西班牙巴塞罗那举行的第25届奥运会上,以美国"梦之队"中的超级球员乔丹、约翰逊等为代表的篮球运动员表演现代篮球技艺,将这项运动的技艺表现得更加充实、完善,战术打法更为简练实用。从此以后,世界篮球运动发展跨入了创新、攀登,以及融竞技化、智谋化、技艺化于一体的新时期,标志着现代篮球运动整体结构、优秀运动队伍综合智能结构，以及运动员的体能、智能与掌握、运用篮球技术、战术的能力结构发生了质的变化。

1994 年后，国际篮球联合会因运动员制空能力增强、空间拼抢激烈，对篮球竞赛规则又做了一些修改，使比赛空间争夺更安全、更合理、更具观赏性，并将篮板周边缩小，增加保护圈。1999 年 12 月，又决定在 2000 年奥运会后实行某些新的规定，具体包括比赛分为 4 节，每节比赛时间 10 分钟；每队每节如达 4 次犯规，以后发生的所有犯规均要处以 2 次罚球；两节比赛后中场休息 15 分钟；首节与第 2 节之间、第 3 节与第 4 节之间休息 2 分钟；首节、第 2 节、第 3 节每队只可暂停 1 次，第 4 节可以暂停 2 次；球队每次进攻的时间从 30 秒钟缩短为 24 秒钟；球进入前场的时间限制为 8 秒钟；奥运会和世界锦标赛可以实行三裁判制度等。现代篮球运动，无论是男子篮球还是女子篮球，今后都将向着智、高、快、全、准、狠、变和技术、战术运用技艺化的方向发展，形成高度技艺性、文化性、观赏性、商业性的发展趋势。

由此可见，现代篮球竞技运动的形成是有阶段、有层次，从低级向高级逐步演进的。其发展线索为：某一个国家的地方性游戏—区域性文化活动—竞技性项目—世界范围的体育文化现象—体育科学的一个分支。

第二节　篮球运动的作用与特征

一、篮球运动的作用

(一)增强体质,提高生命活力

篮球活动涵盖了跑、跳、投等多种身体运动形式，且运动强度较大，因此，它能有效地促进身体素质和人体机能的全面发展，提高和保持人的生命活力，为人的一切活动打下坚实的身体（物质）基础，从而提高生活质量。同时，篮球运动充满了娱乐性与趣味性，具有广泛的群众基础，尤其受到青少年群体的喜爱。通过群众性篮球运动的开展与举办，能够促进运动参与者速度、力量、耐力等多方面身体素质的提高与发展,同时也能够提升运动者集中注意力以及掌控空间与时间的能力,使运动者保持中枢神经的灵活性以及对身体各个器官的支配能力,显著改善身体多种器官的功能,从而增强国民的体质。

(二)促进国际交流

如今,篮球运动的国际交流不断广泛而深入。各国在引入外籍球员的同时还将本国球员输出,这样不仅切磋了球员之间的球技,而且推动了国与国之间的友好交往,使各国人民增进了彼此之间的了解,同时也加强了国家间的友谊。

(三)促进心理健康,提高社会适应能力

现代社会的高效率和快节奏限制了人们的相互交流与了解,但篮球场给人们提供了交往的机遇。篮球活动能有效缓解工作压力,而良好的竞争环境又能培养健康的心理适应力和承受力,调整及维护参与者的心理健康水平。同时,篮球作为集体项目的杰出代表,在增加交流和友谊的同时,更能有效地培养团结协作的集体主义精神等良好的体育道德,帮助参与者正确理解和处理好个人与集体、竞争与合作的关系等。

(四)促进创新能力的培养

篮球活动是一项创造性的活动,所有技术、战术都既有原理和规格,又包含着个人的不同表现风格,没有固定的、僵死的模式,每个人、每个队都可以用自己的方式来诠释自己对篮球的理解。也正是由于它的复杂性和多变性,需要参与者必须根据当时情况随机应变,及时、果断、快速地做出应答行动,通过观察进行分析判断并做出行之有效的应对措施。而这一切,都需要参与者用自己的智慧创造性地去应对场上出现的各种问题,从而有效地提高创新能力。

(五)培养分析和解决问题的能力

由于篮圈在空中,而球可能处在任何位置,所以,篮球场上要展开地面与空间的全方位立体对抗。而且,所有的行动都要受到不同对手的制约,要求参与者依据自身实力,结合不同对手进行分析比较,斗智斗勇、扬长避短、克敌制胜。这能有效地促进参与者的心理(智力、意志力、个性等)、技能、观察、应变等综合能力的提高,锻炼和培养发现问题、分析问题和解决问题的能力。

二、篮球运动的特征

(一)篮球运动的集体性

篮球运动的比赛形式表现为两队之间的对抗,如果想要获得比赛最终的胜利,不仅需要队员的个人技术与对抗水平,更需要整体战术的运用与团队的默契配合。篮球运动的对抗建立在个人对抗的基础上,球队只有把高超的个人技术和团队的默契配合相结合,才能在激烈的比赛对抗中获得最终的胜利。因此,篮球运动十分注重集体性,只有集体做到团结协作,才能实现个人技术的发挥,"积极进取、团结合作、人壮队强"是对篮球运动集体性要求的准确概括。

(二)篮球运动的对抗性

篮球运动的特点还表现为身体的对抗性,攻守之间的高强度对抗是篮球运动的基本规律与重要特征。篮球的比赛过程不仅表现为无球队员之间的身体对抗,还表现在持球队员与对方防守队员之间的攻守对抗,以及投篮不中的情况下攻守双方争夺篮板球之间的对抗。这些比赛中的高强度对抗对于运动员的思想作风、技战术水平、身体状况以及心理素质等方面都是严格的考验,只有在这些方面拥有优势,才能够在比赛对抗中获得主动权,并最终帮助球队获得比赛的胜利。

(三)篮球运动的健身性

篮球运动要求跑、跳、投等基本手段以及技战术多方面的综合应用,从生理学的视角看,篮球运动激烈的身体对抗有助于人体生理机能尤其是内脏器官和感官功能的提高。篮球运动对于人体身体素质以及心理素质的提高都有积极的促进作用,体现出明显的健身性特点。

(四)篮球运动的益智性

目前,篮球运动已经体现出技术与智慧的综合较量。在篮球组合多变的比赛过程中,运动员在提高自己的运动水平以及对抗水平的同时,还要不断提高自身的运动知识素养以及技战术的水平,使自己在运动中的创新能力得到提升。可以看出,篮球运动不仅可以强身健体、娱乐身心,同时还具有益智作用,这体现出篮球运动的多元化价值。

(五)篮球运动的综合性

篮球运动还表现出综合性的特点,即篮球队员必须熟练掌握跑、跳、投、掷一系列的技术动作,并且在错综复杂、形势瞬息万变的比赛场上进行灵活的运用,从而获得比赛时间以及空间上的优势与主动权。因此,篮球运动无论是在技能、体能还是智能上,都对运动的参与者提出了综合性的要求。由此可见,篮球运动的速度、准确度以及空间的比拼建立在运动员的思想作风、身体素质、技术水准、战术水平等多方面发展的基础上,表现出明显的综合性特点。

(六)篮球运动的商业性

随着职业篮球运动国际性重大赛事的举办以及篮球成为奥运会的比赛项目,篮球运动得到了进一步的推广与普及。而随着篮球运动的职业化程度不断加深,篮球运动逐渐走向商业化道路,篮球运动员与运动队等都成为一种商品。在国内外进行重大篮球比赛时,赛会的组织者会进行赛事的宣传与电视转播,进行转让球员、发行体育彩票等多种形式的商业活动.并且营销体育器械、运动服饰等商业产品,这种浓重的商业化也是篮球运动的特点之一。

第三节　我国职业篮球的发展

一、我国职业篮球联赛的产生背景

从篮球传入中国,到我国职业篮球联赛的产生,经历了篮球运动的普及、篮球竞技运动的推广与篮球职业化的发展三个阶段。

(一)我国篮球运动的普及阶段

1895年现代篮球运动传入我国天津,这是篮球运动在我国发展的正式开端。1914年,篮球被列为男子正式比赛项目;十年之后女子篮球被列为正式竞赛项目;1936年,我国加入了国际篮球联合会,篮球运动在我国得到了迅速发展。

（二）我国篮球竞技运动的推广阶段

新中国成立后,篮球竞技运动在我国得到了迅速推广。1955年开始举行了全国篮球联赛,并实行分级别的竞赛制度。紧接着,我国又推行了升降机联赛制度,以及裁判员、教练员等级制度,这些使得我国篮球运动的蓬勃发展获得了极为有力的保障。

在20世纪80年代和90年代初期,我国篮球竞技运动在国际比赛中取得了优异的成绩。自1974年开始,我国国家男子篮球队就在亚洲篮坛就显示出雄厚的实力,多次获得亚洲男子篮球锦标赛和亚运会男篮比赛的冠军,并且分别在1994年第12届世界男子篮球锦标赛和1996年第26届奥运会篮球比赛中,进入了前8名,这都是亚洲男篮取得的好成绩。而我国女子篮球队,除了在亚洲赛场上表现得十分优秀外,在国际赛场上同样成绩斐然。在奥运会女子篮球比赛中曾获得过银牌和铜牌,在世界女子篮球锦标赛中也曾获得过亚军和季军的成绩,并且在第17届世界大学生运动会中收获冠军。

所有的成绩都显示,在新中国成立后,我国竞技篮球运动得到了快速发展。但我们也应该清晰地认识到,举国体制虽然对篮球运动有一定的促进作用,但职业化才是篮球运动发展的必然趋势。

（三）我国篮球职业化的发展阶段

1994年12月10日至11日,全国篮球训练工作会议中与会代表就篮球运动改革路线达成共识:搞好竞赛改革,把竞赛推向市场,大胆积极地向商业化过渡。

1995年中国篮协大胆地与国际管理集团（IMG）合作,以竞赛体制的改革为突破口,由赛会制改为主客场赛季制,推出了第一个跨年度主客场联赛,即全国男篮甲级联赛,这不仅是我国职业篮球开展的标志,而且也是职业体育发展的一次全新的突破与尝试。

二、我国职业篮球联赛管理模式的特征

(一)垂直型管理模式

在我国,国家体育总局下设各运动项目管理中心,实行运动项目的分类管理。那么,篮球则是由下设的国家篮球运动管理中心(以下简称"篮管中心")负责管理。而篮管中心下设综合部等七个部门,其中,竞赛管理部承担着对我国职业篮球联赛的管理。虽然我国职业篮球联赛归属于中国篮球协会,但是中国篮球协会的办事机构却是篮管中心。也就是说,篮管中心的下设机构竞赛管理部是我国职业篮球联赛的管理主体,这将我国职业篮球联赛的管理模式是典型的垂直型管理模式充分地体现了出来。

(二)集权型管理模式

中国篮球协会(篮管中心)集我国职业篮球联赛的领导权、管理权和经营权于一身。《中国男子篮球职业联赛委员会章程》(以下简称《章程》)规定,"中国篮协依法拥有联赛的所有权",而这充分体现了中国篮协对联赛有着绝对的领导权。

与此同时,《章程》第五条和第六条提到"联赛委员会遵守中国篮协的有关规定,并接受中国篮协的领导、指导和监督","联赛委员会是联赛的管理机构"。这充分说明我国联赛的管理权实质归属于中国篮协。

《章程》第二十五条规定,"联赛商业资源的管理运作方案及联赛收益的分配方案"等七项内容,"必须报经中国篮球协会批准后,方可予以公布并生效"。这说明了中国篮协最终拥有联赛的经营权。

由上述内容可以看出,由中国篮球协会(篮管中心)管理的高度集权型管理模式,通过我国职业篮球联赛的管理充分体现了出来。

(三)行政干预型管理模式

由上述可知,中国篮球协会的办事机构是国家体育总局的直属机构,即国家篮球运动管理中心。也就是说,中国篮球协会不是以实体存在的,对篮球运动进行管理的实体是篮管中心。而篮管中心本质上是国家行政

机构,是具有行政职能的政府管理部门,由此看出,中国篮球协会对职业篮球联赛所进行的管理,带有一定的行政干预色彩,这其实并不符合体育职业化发展的要求。虽然在一定程度与时期内,行政干预使我国职业联赛的发展与规范得到了促进,但纵观全球体育产业的发展形式,体育产业市场化是职业体育发展的必然趋势,根据市场的发展需要优化结构。如果行政干预过多,就很难将市场的调节作用充分发挥出来,将对篮球职业化发展速度造成严重阻碍。

三、我国职业篮球联赛文化的发展概况

(一)中国职业篮球联赛文化的空间发展

相对其他许多国家,我国职业篮球联赛创建时间相对比较短暂,职业化程度、竞技水平和影响力都还不够,其联赛文化自身还有很多值得完善和丰富的方面。因此,中国职业篮球联赛文化在从民族性到世界性的跨越过程中,表现出更多的是模仿、借鉴、学习、选择、吸取等。我国职业篮球联赛在创建和发展过程中,也大量借鉴了其他国家职业篮球联赛的一些成功的行为制度模式,如赛制、经营模式、啦啦表演队等。但是由于职业篮球联赛的发展还需要考虑我国的国情和体制,不可能完全按照其他国家职业篮球联赛的运行模式来进行管理和运行。因此,在中国职业篮球联赛文化由民族性到世界性跨越过程中,所面临的挑战就是如何在借鉴和学习的同时找到适合我国职业篮球联赛文化的发展道路。

(二)中国职业篮球联赛文化的时间发展

中国职业篮球联赛文化的时间发展呈现出文化的传统性。文化的传统性是指在其文化发展过程中,具有延续性和继承性的文化特性。这其中包含联赛文化自身的东西,同时包括中国传统文化对中国职业篮球联赛文化所带来的影响。中国职业篮球联赛文化的时代性则是指中国职业篮球联赛文化具有随时代的变化而不断发展与变化的特性。自中国职业篮球联赛创建以来,中国职业篮球联赛文化的时代性不断得以体现和表达。比如运动服饰的多样化、科学化。以往运动员的比赛服装都是相对

较为短小的,并且面料质地远不及今天的比赛服装。在场地设施方面也大有改进,场馆的观众容量、灯光等设备也都大有改观。同时在经营理念方面,也开始趋于市场化,加快了职业化步伐。这些都是中国职业篮球联赛文化时代性的表达和体现。

在从传统性到时代性的跨越过程中,中国职业篮球文化受多种因素的影响,包括我国的传统文化、社会的政治经济形态以及外来文化,传统文化是中国职业篮球文化的本源之一,因此,在中国职业篮球联赛文化的传统性中有着较多的传统文化的影子,比如以和为贵、主静保守、集体性观念、重道德性等。但由于职业篮球联赛文化在本质上仍是一项职业竞技体育联赛,竞技性是中国职业篮球联赛文化特性之一。只有存在竞技性,比赛本身才能充满激情和悬念,观众才会去观赏。传统文化中的以和为贵的文化价值观念根深蒂固地影响着中国职业篮球联赛文化,在一定程度上限制了中国职业篮球联赛文化的发展。当然在传统文化中也有很多是有利于中国职业篮球联赛文化发展的,例如,注重道德性。崇尚道德是我国的传统美德,在当前我国职业篮球联赛有关法制还不健全的情况下,用道德的杠杆可以调节中国职业篮球联赛文化的不良现象的产生,比如球场暴力等。因此,在中国职业篮球联赛文化从传统性到时代性的跨越发展过程中,应该选其利,避其弊,以推动其文化从传统性到时代性的跨越。

四、职业篮球俱乐部的内涵

(一)职业篮球俱乐部的定义

如果从职业体育的角度来分析职业篮球,就会对其有一个清晰的了解,即以篮球作为职业的工作形式。通俗来讲,职业篮球就是个人、企业或组织以篮球运动为谋生手段的工作,由职业篮球运动员、职业篮球俱乐部、职业篮球协会、专业篮球技能、各种形式的篮球竞技比赛、竞赛产生的社会财富、财富分配办法、球员的工资薪酬等要素组成。

职业篮球俱乐部指的是,具有独立经济实体的法人以企业为组织形式,对职业篮球运动员的训练、竞赛等事项进行管理和运营,提供篮球运动产品或竞赛表演服务,并从中获得社会财富,与此同时,具有相应的权利和义务的协会或团体。

(二)职业篮球俱乐部的特征

1.职业篮球俱乐部具有独立性

职业篮球体育俱乐部的独立性主要体现在以下几个方面:

第一,职业体育俱乐部是以相关法律、法规为依据,进行了注册、登记的。

第二,其法人资格是受到法律保护的。

第三,以相关条款的规定为依据,其具有一定的从事各种活动的权利,与此同时,也需要承当一定的民事责任等义务。

第四,为自负盈亏、自主经营的对立团体。

因此,职业篮球俱乐部实质上是具有经济实体的个人或企业作为法人管理的独立企业。当然,经济发展形式的多样性,决定了其融资形式的多样性。但是职业篮球俱乐部应该拥有独立的管理和运营的权利,并且各自都应具备相应的规章制度与管理模式。

2.职业篮球俱乐部具有盈利性

职业篮球俱乐部的盈利性,是由企业的运营目的以及体育市场的交易性决定的。俱乐部的实质其实就是企业,那么,为了获取更大的经济利益和社会效益,职业篮球俱乐部会根据市场的要求和变化,吸纳更多的优秀职业篮球运动员,并对其运营结构进行积极的优化调整,发挥强大的团队力量,增强其在行业中的综合竞争力,这也在很大程度上促进了篮球事业的快速发展。

3.职业篮球俱乐部具有附属性

职业篮球俱乐部的附属性主要体现在,职业篮球俱乐部都会附属于相关的篮球竞赛。或者说,篮球竞赛都有相关的职业篮球俱乐部参加。例如,休斯顿火箭队等职业篮球俱乐部附属于美国男子职业篮球联赛(NBA),广东宏远等职业篮球俱乐部附属于中国男子篮球职业联赛(CBA)等。

(三)职业篮球俱乐部的功能

职业篮球俱乐部的功能可分为外部功能和内部功能。外部功能这种功能主要指的是,提高篮球联赛质量,营造篮球竞技运动环境,增强社会的认可度;内部功能指的是,规范篮球运动的训练、比赛管理,提高运动员技能,发挥团队优势,提升球队的综合实力。职业篮球俱乐部的内部功能是外部功能的基础。

另外,职业篮球俱乐部的功能还可分为社会功能和经济功能。社会功能主要指的是,完善篮球的管理体制,进而促进篮球事业的发展;经济功能主要指的是,提供高质量的篮球竞赛表演,进而获得门票收入、转播费、冠名费等更多的经济收益,以及品牌效应带来的社会价值。

对于职业俱乐部的功能来讲,从不同的角度分析会有不同的诠释。但是,不管从何角度分析,职业篮球俱乐部是社会、经济和篮球竞技运动相互影响、共同发展的必然产物。所以,职业篮球俱乐部的功能应具备社会属性、经济属性和竞技属性。

第二章　高校篮球教学的基本理论

第一节　高校篮球课程教学的内容与原则

一、高校篮球课程教学内容

高校篮球课程教学的内容包含很多方面,对于不同的教学目标和不同层次的教学对象,要采用不同的教学内容。高校篮球课程教学更注重让学生掌握基本理论知识、技术动作以及战术配合等方面,是一个由不会到会的过程。

(一)篮球理论知识

篮球理论知识构成了篮球运动的学科体系。只有在篮球理论的指导下才能正确地从事篮球运动。篮球运动理论包括技术、战术、规则、裁判、竞赛组织和教学训练理论等。在篮球运动技能学习以及篮球活动的相关实践方面,篮球课程理论知识都能够发挥出良好的指导作用。

目前,我国篮球运动在理论和知识体系方面已经发展得比较完善,其内容主要有篮球教学理论、篮球训练理论、篮球技术和战术分析、篮球竞赛规则、篮球竞赛组织以及篮球竞赛裁判法等。以上这些都是篮球课程教学的最为基本的理论内容。

(二)篮球技术动作

在篮球运动技能方面,篮球基本技术动作是其中最为基础的内容,而篮球运动技术动作主要包括动作方法、技术动作规格以及技术动作的运用等。在开展篮球运动技术动作教学时,对于动作示范的规范性,教师要给予高度重视。教学中要强调动作的规范,为学生进一步提高篮球技能打下基础。

(三)篮球战术配合

篮球运动集体对抗的特点决定了队员之间的协调配合是篮球竞赛的重要手段,在篮球课程教学中,战术配合教学也是其中重要的内容之一。这是因为特定的战术布阵是由篮球运动集体对抗中所形成的主要形式,战术配合和战术阵式是篮球运动比赛最为重要的特征之一。

在篮球课程战术配合教学中,其主要内容包括两到三人的战术基础配合和整体战术配合。在战术配合教学中要使学生了解人与球移动的路线、攻击点、运用时机及其变化,教师要通过采用一些行之有效的、合理的教学方法来促使学生形成正确的认识和了解。对于学生战术配合意识的培养,教师也要予以充分的重视,以保证学生能够在篮球运动比赛中对相关战术配合加以灵活运用。

二、高校篮球课程教学原则

(一)专项教学原则

1. 知觉优先发展

篮球运动以球为工具,同伴、场地、器材等要素构成了特有的运动环境。对环境和器材的感知是知觉优先发展的过程,其中手指、手腕对球的控制能力对篮球运动来说至关重要,教学中通常采用大量熟悉"球性"的练习来优先发展这种能力,确保技术动作的学习。因此,知觉优先发展是篮球运动所特有的教学原则,应该严格遵循这一重要的教学原则。

2. 技术个体化

规格和规范是指动作的基本结构符合人体运动学特征,达到节省和实效的目的,篮球教学普遍追求的目标是技术动作的规范性。但是,由于学生的身体形态、身体素质、行为习惯、智力和篮球运动经历等方面存在着一定的差异,这就使得"技术的规范化"的个体表现的差别也较大。

初学者通过练习,形成符合自身条件的动作完成方式,是篮球教学的目的所在。因此,篮球教学要在规范化的基础上遵循技术的个体化原则,允许学生之间存在技术动作上的细微差别。另外,在篮球教学中也必须以不同的对象为依据有针对性地选择想用的教学方法,贯彻区别对待,从而取得理想的教学效果。

3. 实效性

教师要抓住篮球教学中的主要矛盾,组织教法尽量简单易行,不断提高教学的实效性。不仅要抓好篮球基本功和主要技术的教学,突出教学重点,在使学生掌握好篮球运动基本技术的基础上提高运用技术的能力,还要做到以练为主,精讲多练。

教师的讲解要简明扼要,尽量让学生多进行实践练习。除此之外,还要设置教学目标,追求教学效果。教学中要有具体的教学目标,同时重视对教学效果的检查和评估,及时改进教学方法,提高教学质量。

4. 学习技术动作与实战对抗运用结合

篮球教学非常重视实战对抗能力的提高,这是由篮球技术对抗性和开放性的特点决定的。从认知策略上来说,技术动作的学习与实战运用结合发展,与开放性运动技能教学的规律是相符的。学生在学习篮球技能时,应该首先将对抗的概念和技术实效的概念建立起来。

从某种意义上来说,在适应中学和从实战中学是篮球技能形成与发展的普遍规律,因此,要想取得理想的教学效果,篮球教学就必须把技术动作的学习与实战运用的能力培养与发展有机结合起来。

(二)普遍教学原则

1. 渐进性原则

渐进性原则是指篮球教学要以学科的逻辑系统和学生的认知规律为基本依据,从单一到综合,从低级向高级逐步发展,使学生能够对篮球的基本知识、基本技战术和基本技能有一个逐步掌握的过程,形成严密的逻辑思维体系。由于篮球知识技能的学习是一个渐进的过程,这就要求学生在掌握技术技能时要由浅入深地进行。

(1)注意教学方法的系统性

篮球教学中要贯彻循序渐进的原则,要注意教学方法的系统性,根据动作技能形成的规律,从认知定向阶段、巩固提高阶段到熟练阶段,都要依据动作技能形成的阶段性特点来组织教学。例如,在技术的初学阶段要通过讲解、示范和试做,使学生建立动作概念、视觉表象和初步的运动感觉,通过不断练习使正确技术动作巩固下来,然后加大练习难度,使动作达到熟练并能在实战中运用。

(2)合理安排教学进度

篮球教学中要贯彻循序渐进的原则,根据教学内容的难易程度安排教学顺序,要注意教学内容的系统性。根据教学大纲的要求,安排好教学进度和课时计划,使教学进度符合篮球运动教学的规律,使课时计划既系统又综合,由易到难、由简到繁、从无对抗到有对抗,运动量逐渐增加。

(3)合理安排运动负荷

疲劳是运动过程中必然要出现的,疲劳在技术教学和训练中有其积极的意义,没有疲劳就没有超量恢复。没有超量恢复就不能提高健康水平和身体素质水平,也难以提高技术水平。

但是,过度疲劳同样不能达到促进健康、提高身体素质和技术水平的目的。因此,根据学生的身体状况、教学内容、场地、气候等综合因素来合理安排运动负荷,是完成篮球教学任务所必须注意的。

2.直观性原则

利用学生的感官和已有的经验,通过视觉、听觉和肌肉本体感觉,获得对篮球技术战术的生动表象和感觉,并使之与积极的思维相结合,从而掌握篮球技术、战术和技能,发展思维能力,就是所谓的直观性原则。由于感觉是认识的基础,所以在篮球教学中正确运用直观性原则,对于提高教学效果有重要的意义。

直观教学的方式有很多。其中,较为常用的主要有动作示范、录像、电影、沙盘演示、技战术图片等。

(1)明确目的和要求

教师根据教学的任务和教材的特点以及学生的情况,有目的地使用直观教学方法。例如,对低年级学生进行技术教学时,宜多使用动作示范、技术图片等。可以把学生的动作录像重放,与正确技术进行比较,以纠正学生的错误动作。对高年级学生进行战术教学时,宜用沙盘演示或用生动形象的语言进行讲解。

(2)形成正确的表象

在教学中,教师要充分利用学生的视觉、听觉和肌肉本体感觉,通过示范、电影、录像、图片等,使学生产生明晰的技术战术表象,激发学生的学习积极性。

直观有助于使学生形成正确的表象。这种表象只有与积极的思维相结合,与实践相结合,才能得到好的教学效果。因此,直观性教学要善于启发学生思维,并与技战术练习活动紧密结合起来。直观性教学要想使所有的学生听得见、看得清、摸得着,就必须设计好直观教学的具体方式、方向、位置等。

3.对抗性原则

对抗性原则指篮球运动的教学训练过程要符合其独特的空间与地面交叉的立体型攻守对抗规律。在篮球教学中贯彻对抗性原则,是由篮球运动的攻守对抗规律决定的。

在篮球运动中,进攻与防守的对抗贯穿始终,攻守对抗和攻守转化构成了篮球运动的核心。正是由于攻守的直接对抗才演化出一幅幅惊心动魄的竞争场面,才推动篮球运动向着快速、激烈的方向发展。

在教学中贯彻对抗性原则,必须深入研究攻守对抗和转化的规律,这主要是因为:进攻和防守是一对矛盾体。没有进攻也就无所谓防守,没有防守也就无所谓进攻。进攻和防守相互制约,处在一个统一体中,二者是辩证的统一。

4.自觉性原则

在篮球教学过程中,要想有效提高教学质量,需要同时具备两个条件,并将两者有机结合起来。这两个条件是:教师的主导作用的发挥,学生学习的自觉积极性的调动。

(1)树立正确的学习动机

学习的效果与动机是紧密相连的。如果学生的学习目的不明确、学习动机不正确,就很难自觉积极地学习,也不可能将自觉积极的学习状态长期保持下去。因此,解决为什么学习的问题,是调动学生学习主动性的关键问题。

(2)提高学生的学习兴趣

教师是教学的主导,启发和引导学生生动活泼地学习是教师的重要职责。篮球运动是一项对动作操作思维、战术思维和快速反应能力要求很高的运动,因此在教学中要以提高学生的运动能力和思维能力为核心。教师通过对技术动作的生物力学和运动学分析,使学生掌握正确技术动作的概念和动作方法;根据篮球攻守对抗规律,使学生掌握技术运用和战术方法;通过比赛、裁判工作和组织竞赛等实践活动,调动学生的学习积极性,从而最大限度地发展他们的能力。

第二节　高校篮球课程教学的方法与模式

一、高校篮球课程教学方法

(一)高校篮球课程教学常规方法

篮球运动常规教学方法的特点是注重教学活动中教师教授知识技能的方法,其教学方法的程式比较简单,各种方法相互配合,构成了以"教"为核心的教学方法体系。

1. 讲解法

在教学过程中,为了使学生通过听来感知教学内容,采用简练准确的语言对相关教学内容进行分析的方法,就是所谓的讲解法。技术动作的方法和要领、战术配合的方法和要求,以及运用过程中的注意事项等都是讲解法的主要内容。

在教学实践中,要注意掌握好讲解的时机,突出重点,讲解的内容要与学生的知识程度相符。讲解的内容要与学生的接受程度相适应,要掌握好讲解的时机,突出重点,避免冗长枯燥。

2. 练习法

在讲解与示范的基础上,通过组织学生进行身体练习而达到掌握篮球技能的目的的方法,就是所谓的练习法。以练习的形式为主要依据,可以将其大致分为分解练习、完整练习、简单条件下的练习和复杂条件下的练习几种。

以篮球运动特点为依据,则可将其分为个人技术练习、配合性练习和对抗性练习等。需要强调的是,在篮球教学中运用练习法时,练习强度、练习密度、运动量的安排要科学、合理,注重实效性。

3. 演示法

在教学过程中适时地示范技术动作和战术配合方法,通过投影、幻灯、挂图、录像等电化媒体手段,使学生通过观看直观感知教学内容的目的的方法就是所谓的演示法。演示法强调要示范要与讲解相互配合,要正确选择示范的队形,示范的动作要正确。

4. 纠正法

教师对学生在教学过程中出现的错误及时进行纠正的方法,就是纠正法。在篮球教学实践中,常用的纠正法有两种,一种是诱导法,另一种是条件限制法。

上述几种教学方法是一个统一的体系,应该在篮球教学中相互配合使用,单一地使用某种方法是无法实现篮球教学的目标的。

(二)高校篮球课程教学现代方法

1.案例教学方法

(1)概念

篮球案例教学方法就是指通过教师精心策划和指导,以新课程标准的理念作为基础,根据篮球教学目的及内容,充分分析教学内容与实际教学情况,运用经典案例教学的方法。

(2)优点

教师在采用案例教学法进行教学时,一般会先制造一个特定的事件"现场",并将学生带入其中,使其深入到特定的角色中,然后分析经典案例,在此基础上对学生的自主探究性学习进行引导,从而促进学生分析问题及解决问题的能力的充分提升。

与传统的篮球教学方法相比,篮球案例教学方法具有鲜明的特色和突出的优势(见表2-1)。

表2-1　篮球案例教学法与传统教学法的对比分析

对比因素	传统教学法	案例教学法
课堂中心	教师	学生
教师角色	主宰者、传授者、控制者	组织者、指导者、咨询者
教学目标	对理论知识进行传授	促进学生发现问题、分析问题及解决问题的能力的提高
教学形式	讲解接受	课堂讨论
学习内容	确定的理论知识	以教学目标为根据.以案例为载体,创设相应的问题情境.使理论与实践互相渗透
学习方式	独立学习、被动学习	主动学习、探究与合作式学习
教学媒体	单一媒体	多媒体、录像等设备
教学情境	抽象的人工情境	仿真的实践教学情境
教学互动	单向传递	立体互动
教学评价	结果性评价(师评为主)	综合性评价(自评、互评与师评相结合)

(3)应用

篮球案例教学方法实施的基础是选择案例。在具体的选择过程中,教师必须参考大量的素材,并掌握丰富的案例编写知识。同时还要在遵循科学原则的基础上对案例进行有序的编写。选择课题、搜集资料、编写案例与设计讨论等是案例编写的一般程序。

教师在运用案例的过程中,一定要将案例中所包含的基础知识详细地描述出来,并且充分引导学生积极主动地分析案例。从而促进学生学习兴趣的提高,促进学生篮球理论知识的丰富及实践能力的提高。

篮球案例教学方法比较开放,师生间的互动程度直接影响着案例教学的成功与失败,因此教师应促进学生主体地位的充分发挥,并且将案例与理论之间的关系有机联系起来。从而引导学生们积极讨论案例的变化规律。

2.趣味教学方法

(1)概念

篮球趣味教学方法指的是通过采用影像、游戏、观摩、模仿等手段对激发学生学习篮球的兴趣,提高学生篮球参与的积极性,培养学生终身体育意识与习惯的一种教学方法。

(2)优点

增强学生体质是学校开展篮球教学活动的根本目的,因此必须围绕这一根本目标来选择篮球教学方法。篮球趣味教学方法能够将学生的学习兴趣激发出来,将学生参加篮球活动的积极性和热情调动起来,在此基础上,通过增加运动负荷、锻炼时间和频率来促进学生体质的增强。锻炼频次的增加、运动时间的延长、安静时平均心率的降低、技能成绩的提高等都是趣味篮球教学方法,有利于提高学生身体素质水平的直观反映。这表明对篮球趣味教学法进行广泛的宣传与推广非常有必要。

趣味教学方法的手段多样,形式丰富,而且各具特色,可以对学生造成不同角度的刺激,对学生形成不同层面的影响,使学生神经系统的兴奋性提高,从而成功调动学生的学习积极性,只有学生的学习积极性提高了,其运动量和运动强度才会相应的增加,教学效果也才会更加明显。

篮球课的开设能够对学生的直接性的体育兴趣进行培养,直接性的体育兴趣会渐渐向永久性的体育兴趣转变,这为学生终身体育锻炼习惯的形成奠定了坚实的基础。所以,篮球课程教学中所选的教学方法必须能够有利于培养学生的篮球学习兴趣,这样才能将学生参与篮球活动的热情调动起来。

采用趣味教学方法进行教学时,可以使学生的练习频次和运动时间增加。其原因在于只有学生对篮球有了兴趣,才乐意长时间地参与其中。可见,学生的篮球兴趣与其练习频次和练习时间之间存在着正相关的关系。

增加运动频次的教学方法都是可以有效培养学生终身体育意识的好方法,趣味教学法正因为体现了这一点,所以才会受到各级学校体育教师和学生的欢迎和喜爱。

(3)应用

在篮球实践课教学中,教师往往会让学生先做一些准备活动,最常见的活动就是绕篮球场地慢跑或做定位操,这些活动比较乏味,很难激发学生的兴趣。所以,教师可以在篮球教学的准备活动阶段组织一些篮球游戏活动,以此来对学生参与学习的积极性进行激发并促进准备活动效率与质量的提高,为学生之后技战术的学习提供良好的基础。

为了促进篮球教学实效性的进一步提升,教师应该将体能训练安排到篮球实践课的教学中,并通过游戏的方式来培养学生的体能素质,为学生学练篮球技战术提供良好的身体条件。

篮球战术是篮球教学体系中的重难点内容,对学生团结合作的集体主义精神进行培养是进行篮球战术教学的主要目的,通过战术教学,不但要使学生对篮球配合方法进行掌握,还要使学生在篮球战术实施中充分发挥自己的主观能动效能。为了促进篮球战术教学效果的进一步提升,教师需适当地开展能够吸引学生注意力的篮球游戏。

3.程序教学法

(1)概念

以认知规律和技能形成的规律为主要依据,将篮球技战术教学内容分解成为若干个相互联系的小步子,使之成为便于学习的逻辑序列,并在教学过程中,建立起有针对性的、适宜的评价信息反馈系统的教学方法,就是所谓的程序教学法,其也被称为"学导式教学法"或"小步子教学法"。

(2)应用

程序教学法的具体步骤为:首先,教学开始,学生依据小步子进行学习,学习后及时进行评价。其次,教师依据评价结果对学习效果进行即时反馈,如达到了预定的标准,则进行下一步学习;如没有达到标准,则返回去重新学习,并配以相应的纠正措施。

4.合作学习教学法

(1)概念

高校篮球教学活动是一个师生共同参与的过程,在教学过程中,离不开教师与学生、学生与学生的相互配合。充分调动教、学双方积极性和主动性的教学方法,就是所谓的合作学习教学法。

(2)应用

合作学习法的教学步骤为:依据教学中自愿的原则把学生分成人数不等的若干个小组,练习时要以小组为单位结成"伙伴对子"。小组内发挥技术骨干的作用,优生帮助差生。教学过程中多运用小组练习、小组竞赛和小组评价等方法进行活动,在小组和伙伴的合作活动中学习掌握篮球教学的内容,使学习成为学生之间合作的活动,在和谐的人际关系和愉快的合作学习环境中完成学习任务。

二、高校篮球课程教学模式

(一)篮球俱乐部教学模式

1.概念

篮球俱乐部型教学是一种新型的教学模式,根据现代学校人才培养的目标,结合学生对篮球教学的需求,根据学生的兴趣爱好与特长,组织篮球教学与课外活动的团队,定期开展篮球教学与竞赛活动。目的是使学生掌握篮球技能和方法,培养和建立学生的终身体育意识,充分发挥学生个人能力,培养学生对篮球运动的兴趣与爱好,为终身体育奠定基础的一种篮球教学模式。

2.组织步骤

(1)明确职责

构建篮球俱乐部教学模式的前提是对切实可行的篮球俱乐部的相关制度进行制定。在篮球课程教学改革的背景下,只有以本校发展实际为基础,对具有可操作性的篮球俱乐部教学模式相应的制度和职责进行制定,才能使俱乐部教学模式的顺利实施得到保障。

在制度与职责的构建中,需要明确篮球俱乐部的性质、宗旨,并严格规定篮球俱乐部会员的资格要求。

(2)组织机构

在学校条件和活动经费允许的情况下,为了使篮球俱乐部可以高效运行,需要设立策划部、秘书部、财务部、教练部等相关组织机构。在设立上述机构后,需要对相关人员进行安排。下面重点分析一下教练部的人员安排及职责。

助理教练可以由学生担任,很多学校将此纳入了学生勤工助学的范畴。主教练的职责主要是对篮球俱乐部的成员提供技术指导,安排俱乐部教学,对俱乐部教学时间进行确定,对参加的人数进行统计等。助理教练一般听主教练的指示来履行工作职责,最主要的职责是为俱乐部成员服务,在俱乐部成员参加篮球活动的过程中,为其提供有效的技术指导。

3.会员积分制

篮球俱乐部成员的积分指标也就是篮球成绩指标,包括考勤指标、体测成绩指标、诚信慢跑数指标、篮球专项成绩指标、俱乐部比赛成绩指标等几方面的内容。

篮球俱乐部实施会员积分制,主要是为考核俱乐部成员一学期以来的学习情况,以积分数为依据来对俱乐部学员一学期的篮球总成绩进行考核和评定。俱乐部学员篮球成绩指标的构成及比例见表2-2。

表2-2　篮球成绩指标(俱乐部会员积分指标)

成绩构成	%
出勤	10
体测成绩	30
诚信慢跑数	25+5
篮球专项成绩	35

注:慢跑超者可加分

(二)即兴示范教学模式

1.概念

即兴示范教学模式是以学生全面发展、提高学生在教学情景中自我表现与创新能力、提高教学效率为目标,以教材对学生年龄特征的"适切性"、教学科学性与艺术性的统一为追求,注重营造师生互动、展现的良好课堂情境和和谐气氛的篮球新型教学模式。学生自主发挥表现力和创造力是即兴示范教学模式的核心。

2.作用

在篮球教学中实施即兴示范教学模式,可以将教学中心转向学生,突破以教师为中心的传统课堂模式,这样学生的主体作用才能得到充分发挥,也才能获得良好的学习成果。此外,在这一模式的实施过程中,篮球教学已不再是传统的传习与说教了,学生是在仿真的现实情景中潜移默化地、自觉主动地接受篮球知识与技能教育。

3.应用

构建即兴示范篮球教学模式需要融合多种要素,做多方面的工作,如对课程的结构进行改造、对良好的课堂教学环境与气氛进行营造、对即兴自我展现的内容进行开发与设计、对即兴自我展现的评价方式进行实施等。

以改革课程结构这一环节来说,"集合整队—准备—讲教材—下课"

的传统篮球课结构将会被"动起来—乐起来—想起来—自我展现起来"的新型结构替代,这样更有利于增加教学的趣味,提高学生的学习兴趣与积极性。

(三)多元智能教学模式

1.概念

多元智能篮球教学模式指的是为了更好地提升篮球教学效果,顺应学生发展与篮球教学规律的特征,通过将多元智能教学的精髓贯穿到篮球教学过程中,构建出具有多元化的篮球教学方式、篮球教学内容、篮球教学方法、篮球教学评价等为特征的篮球教学模式。

构建多元智能教学模式后,需要在教学实践中检验其科学性与合理性。如果要在篮球教学过程中对这一模式进行运用与检验,教师需要先向学生讲解与示范篮球技战术的动作和要领,让学生对篮球技战术有一个基本的掌握,从而促进学生独立解决问题的能力的有效提升。

2.作用

在篮球实践课的教学中,教师使用频率最高的教学方法是语言法和口令法,这些方法不但可以使学生从思维上对教学内容形成清晰的认知,还能够使学生对所学内容有深入的理解,并通过自己的身体语言将接收到的知识信息表现出来。

多元智能模式下的篮球教学形式有很多,如分组教学、问题情境教学等,这些形式有利于促进学生之间的交流,使学生主动探讨一些学习中的问题,从而使学生对篮球知识和技能的认知进一步加深,进而获得良好的篮球学习效果。

通过向学生展示篮球技能,组织学生观看篮球视频等手段让学生对篮球动作的结构有更为清晰的了解,帮助学生深入理解篮球的重点技术环节,并结合学生自身的特征为其获得有效的学习效果而创造良好的条件。

3.应用

教师在组织篮球教学的过程中,要以高度的责任心将每个学生的智能优势重视起来,使学生在篮球课堂中学会对篮球中的快乐因素进行体验,并学会通过一些技巧来掌握篮球运动技能。教师要善于挖掘与激发学生的各种智能,以此来提高篮球教学水平,实现篮球教学目标。

多元智能教学模式的实施对教师提出了一些要求,篮球教师要具备对学生的专业素质进行评估的能力,在评估之前要先对学生的学习情况进行敏锐的观察,从而对学生的篮球兴趣情况加以了解,在此基础上全面客观地评价学生的篮球能力。

在篮球教学过程中,教师不能以学生的篮球运动能力对学生进行等级划分,将学生分为优生和差生,这是不正确的学生观。相反,教师应树立积极乐观的学生观,科学指导每个学生,使每个学生的运动能力都能得到提高。

教师在组织篮球教学评价的过程中,采取多样化的教学评价标准,以科学有效的评价方式来对学生的学习信心进行激发。学生的篮球成绩是主要的评价指标,但不是唯一的标准,教师不能只通过考试成绩来评价学生,这是片面的,也是不科学的。除了成绩之外,学生的单项技能、学习积极性、情感态度、运动能力等也是重要的评价要素,只有从多方面出发,才能充分发挥篮球教学评价的功能与价值。

第三节 高校篮球课程教学的组织与实施

一、高校篮球课程教学的组织

(一)篮球课程组织的基本要求

1.注重夯实理论基础

教师在教学过程中要全面贯彻党的教育方针,培养学生高尚的道德和意志品质。除此之外,还要根据学生的实际情况,有针对性地选择和运用各种方法、手段,将篮球运动的基本理论与技术传授给学生,使他们的各种实际能力得到提升,增进健康,增强体质。此外,各个课都要承上启下,相互联系,从而更好地保证篮球教学的系统性和完整性。

在对篮球教学目的和任务进行确定之前,要对学生的思想政治教育进行重视和加强,以更充分地调动学生的学习积极性,提高学生的责任感和荣誉感。在篮球教学中,教师有很多工作需要完成,主要包括:坚持严格要求,并进行严格训练;及时发现学生容易出现的问题,并针对问题提出更加切实可行的解决方法;激励学生尽可能地完成训练任务等。在篮球教学中,这一部分是非常重要的环节,同时也是进行实践练习的基础和指导。

2.注重实践应用练习

篮球运动作为一个运动项目,具有很强的对抗性和集体性。在具体练习和比赛过程中,往往比较容易出现一些场上作风问题、思想问题以及违反纪律等负面现象和做法。所以在具体的篮球教学中,要进一步加强对学生思想方面的教育,对学生的思想和作风进行严格要求,严格禁止负面现象和行为的出现,使篮球教学课在合作、和谐的环境中进行。

篮球教学具有其自身独特的特点,只有在组织方面采用有效的措施才能更好地保障教学任务得以顺利完成。但由于所处的客观条件存在差异,这使得所采取的措施也是不完全相同的。比如,有的学校场地少、器材少、班里的人数又多,因此在组织练习时就要从实际出发,使练习方法尽可能地灵活多变,这样才能达到既保证一定的运动量,又提高学生积极性的目的。

(二)篮球课程组织的主要内容

1.课堂堂规

通常,课堂堂规有着较强的约束力,它是教师进行课堂管理的重要依据。在篮球教学课中,教师要对课堂堂规的管理给予高度重视,对于学生的语言行为、课堂考勤等,要按照规定进行严格约束并贯彻始终。此外,教师也要对课堂堂规的规定和要求予以严格遵守。

篮球课程中练习的组织主要包括训练课作业进行的程序和作业内容的安排。通常来说都是首先进行基本技术练习,其次进行战术配合,再次进行全队战术训练,最后再进行教学比赛的训练。学生要严格配合教师完成练习组织的内容。

2.课的结构

课的结构主要包括准备、主体、结束三部分,在对课堂教学规律予以严格遵循的基础上,教师要根据课的结构顺序来采用不同的措施和管理办法,以避免课堂出现混乱的情况。另外,对突发事件的处理也要采取果断而有效的措施。

一节篮球课的时间一般有两种:一种是 15 分钟,另一种是 90 分钟。合理运用课堂时间,对教学任务的完成以及教学活动的顺利开展有非常重要的作用和影响,对课堂时间的安排,一般是 60% 的时间用于学习内容,40% 的时间用来复习和巩固学习内容。

3.发挥学生干部的作用

在篮球教学课中,由于练习时比较分散,对于管理方面的组织工作有着较大的难度,这就需要尽可能培养一些学生骨干,以更好地进行分组练习。在小组练习中,通过学生骨干来进行带领、组织和帮助,能够很好地为教师开展教学活动提供帮助,协助教师更好地完成相应的教学任务。

增强这些学生骨干的分析、组织和管理能力,提高他们发现问题、分析问题和解决问题的能力,从而为我国的篮球运动事业培养高素质、高水平的篮球人才。

4.负荷安排

运动负荷的安排在训练课中是非常重要的环节之一。训练内容的组织安排是否得当,是否符合科学和客观规律,在很大程度上决定着一堂训练课的成功与否。

当然,运动负荷的控制也不例外。在篮球训练课中,合理安排运动负荷和如何进行大运动负荷训练是一个不可避免的且非常重要的问题。解决好这一问题,不仅能够使学生的身体素质得到很大程度的提高,而且能够使他们的技术和战术训练水平大大提升,这非常符合实践的需要。

由此可以看出,首先,要根据队员的实际情况来确定运动负荷;其次,运动负荷的增长要遵循循序渐进的原则,由小到大,逐渐增加。另外,还要根据不同时期、训练阶段的任务将每次课的负荷强度和密度确定下来。一般来说,一次课应在进入到基本部分的前段时就应出现第一个高峰(较高),第二个高峰出现在基本部分后段时。

二、高校篮球课程教学的实施

(一)理论课程的实施

课堂教学是篮球理论教学课通常所采用的组织形式,也就是主要以教师的讲授为主,同时配合适当的课堂讨论,以使学生的学习兴趣得到激发。具体步骤如下:

首先,教师通过讲述或提问的形式,将前一次课的教学内容引出,为接下来的新授课内容做好相应的准备和铺垫。

其次,教师在对本次课的内容进行讲授时,要重视反复论证篮球课的重难点,从而更好地达到强化的目的,促使学生对本次篮球课的主要内容进行更好的掌握和理解。

最后,在课的结束部分,教师要将课的重点进行简明扼要的归纳和总结,同时还要布置相应的课后作业,以宣告下次课的教学内容。

通过篮球理论知识的学习,应使学生达到理论联系实际和指导实践的目的。当前篮球理论教学现代化的发展趋势之一为启发式教学,即教师充分利用学校的现代教学设备,如幻灯片、投影、录像等多媒体教学手段,将学生学习的积极性和能动性充分发挥出来,对学生分析问题和解决问题的能力进行积极的培养。

用这些现代化的教学设备开展启发式的篮球教学是当前篮球理论教学现代化的发展趋势。对于培养学生分析问题和解决问题的能力具有非常显著的效果，是值得大力提倡的篮球教学组织形式。

(二)实践课程的实施

在篮球教学过程中，实践课主要包括三个部分，即准备部分、基本部分和结束部分。

1.准备部分

准备部分可以使学生从生理和心理上做好承受较大和最大运动负荷的准备，以避免运动损伤的发生。首先由班长、队长或值日生整队并清点出席人数，向教师报告；教师进行考勤检查，并将本次课的任务与要求向学生进行较为简要的说明。准备部分的训练内容主要取决于基本部分的教学、训练内容。换句话说，就是根据基本部分的教学、训练内容的需要，选择准备活动的练习。

一般来说，准备部分的练习内容主要是由走、跑、跳、各种控制球、支配球和徒手体操、游戏的练习组成的。训练课不仅要做一般准备活动，而且还要根据实际需要做专门的准备活动。

准备部分的主要目的是在教师的组织下做好进入训练状态的准备，其中身体的准备活动是一堂训练课中不可缺少的重要部分之一，这部分的时间通常会安排15～20分钟。准备活动的具体内容不仅能够使学生集中注意力，充分放松身体，而且还能够为基本部分的活动打下一定的基础。

2.基本部分

实践课的主要目的包括两个方面：一方面是教学课的主要目的；另一方面是提高比赛能力和适应能力。以教学大纲、训练计划的要求为主要依据，通过不断创造各种有利条件，使学生掌握和提高技战术水平和技能，同时，也要有针对性地提高其运用能力。

训练课的主要内容以训练计划的安排为主要依据,通过各种各样的练习和比赛(如个人的、小组的、全队的身体练习,技术和战术练习,教学比赛,对外比赛等),来发展各项素质和能力,以提高实践能力。除此之外还要根据各个时期的具体任务,循序渐进地增加运动负荷量和运动强度,更大程度地增强学生的各项素质和能力。

教学课进行教材内容的安排时,通常都是先教新教材,然后复习旧教材,进行知识的巩固和强化,运动量较大的教学比赛或者提高身体素质的专门练习放到最后进行。

在进行实践课的教学时,要以课的任务和学生的具体情况以及课的时间、场地、器材等条件为主要依据,来针对性地选择较为合适的练习方法和手段。通常情况下,教学课(两节课连上的)的时间安排在 70 分钟左右。训练课的时间安排通常占全课时的 70%左右。

3.结束部分

通过使体内积存的乳酸加速排除,使运动时的氧债得到一定的补偿,使参加运动的肌肉尽快地恢复到运动前的状态,最终使学生在生理上逐渐由运动状态平复下来,在心理上由运动状态逐渐恢复到平静状态。

激烈的训练结束后,应该适当地做一些整理活动,以使学生从激烈的运动生理状态和紧张兴奋的心理状态逐渐缓和、平复,恢复到训练前的状态。结束部分的主要内容包括关于慢跑、游戏、放松练习和注意力转换的练习,除此之外,一些运动量不大的罚球、投篮练习也是较为合适的选择。

另外,教学课结束前,还要进行小结和讲评工作。一般情况下,教学课结束部分的时间是 5～10 分钟,训练课结束部分的时间是 15 分钟左右。

(三)实习课程的实施

这一类型课的目的主要是使学生的篮球学习训练能力、组织比赛能力、裁判水平等得到快速的提高。

在实习开始时,首先要对参与实习的学生人数进行确定,并指导学生做好充分的准备工作。

在实习过程中,教师要及时做好观察和记录。

在实习结束时,教师要及时评价学生的具体实习情况,同时也可鼓励学生积极参与实习课的讨论和讲评。学生在参与完实习后要做好实习总结,从而为提高自身学习能力奠定良好的基础。

(四)观摩讨论课程的实施

篮球观摩讨论课的形式比较自由灵活。提高学生的表达能力,发展学生的观察与分析能力,激发学生的创造性思维,是其主要任务和目的所在。通常情况下,讨论课往往在进行篮球技战术分析、规则裁判法等的教学时采用。

在开展篮球观摩讨论课之前,教师要对学生宣布观摩的内容、观察的重点、要解决的问题以及纪律等方面的要求等。观摩对象可以是某次篮球课或篮球比赛,也可以是篮球技战术电影或录像片等。观摩中要求学生要做好笔记,记下自己的感想和体会,并提出疑问,为之后的讨论做好准备。

篮球观摩课结束后,要及时组织讨论,通常情况下,是先由教师作引导性发言,然后学生围绕议题进行发言。教师要鼓励学生有自己的不同意见,针对各自的意见展开激烈的争论。教师应在讨论结束时作总结性发言,对讨论的问题和学生的讨论情况进行评述。未能得出结论的问题可以留待课后继续探讨。

第四节　高校篮球课程教学的考核与评价

一、高校篮球课程教学考核

在高校篮球教学考核中,培养目标和教学计划不同,考核的内容、比重也会有所区别。这个比重可以根据实际情况做出适当的变化,但无论这个考核项目比重是什么样的,考核的目的要始终能够全面反映大学生对教学大纲所规定的教学任务和要求的完成情况。

通常来说,高校篮球教学质量考核的内容及项目比重分配可按表2-3所示安排。

表2-3 篮球教学考核内容及项目比重

分类	比重/%	内容
理论考核	30	篮球运动概论、技战术基术理论、竞赛组织与编排、竞赛规则、裁判法
实践考核	40	传接球、运球、投篮、突破
能力考核	20	教学实习、组织竞赛、裁判实习、技战术运用
平时考核	10	考勤、课堂提问、课外作业

(一)理论考核

随着篮球课程改革的不断深化,篮球理论考核的内容和方法也在不断地完善和充实,根据不同层次篮球课程教学对象的不同,各类课程中所处的位置、学时分配的不同和考核的分值权重不等,必须根据不同的教学要求选择不同的理论考核形式与方法。目前常采用的形式与方法有统考、标准样题和试题库。

统考客观性强,效率高,是检查学生学习质量的最有效、最公正的手段。统考与常规的各校任课教师自身命题相比,具有客观性和可比性的优点,后者尽管也符合考试原则,但难以用来进行校际之间的比较;而统考有统一的标准,便于以它的结果来进行比较和选优。

要根据不同的课程评价目的决定是否采用统考,例如,对校内一些重要的各专业共同的必修课可以组织统考,如各校的篮球普修课均采用此方法;而统考如果在试题、评分等方面处理不当,也不一定能达到较高的信度和效度。因此,对统考只有在一定条件下进行才是客观可信的。

标准样题是指有关课程指导委员会指定某些专家教师,根据该课程的基本教学要求,提出标准性考试命题,各校在对该课程进行测试时,必须参照标准样题另行命题(不宜直接应用标准样题),也可以根据各校自身的实际情况命题。

根据多年篮球教学实践及学生的实际情况,篮球理论考试宜采用标准化考试已成为共识。标准化考试的核心环节是试题的标准化,教学目标和考试目标的一致性及其具体化是标准化考试和试题编制的主要依据。

试题的内容要按照教学大纲的要求增大覆盖面,既要反映出各种不同指标的试题形式,又要增多客观性试题的比例,同时还要随时对试题的质量做多因素的定量检查,不断修改不符合要求的试题,提高编制试题的质量,从而使标准化考试更加符合学生实际和篮球教学的需要。

(二)实践考核

实践考核主要采用定性指标和定量指标相结合的评定方法,也就是通常采用的技评和达标这两种方法。

1.制定与实施定性指标

定性指标是指那些无法用具体度量单位来衡量而又必须测量的指标。在篮球教学实践中大量采用定性评价指标,各种类型篮球课程的考核中采用的技术评定(技评)就属于定性指标。

根据篮球技能教学的特点,定性指标主要有两类:一类是技术动作完成的规范程度;另一类是技术动作完成的熟练程度。因此,定性指标的分类值通常要进行细化,使其表示技术若干环节的完成情况。

2.制定与实施定量指标

定量指标是指那些可以用具体度量单位来衡量的指标,如投篮命中次数、跑动速度和跳起的高度等。篮球教学中通常采用的定量指标主要有速度指标、高度指标和准确性指标三类。

采用定量指标进行考核与评价,必须事先依据教学目的、任务和考核对象的实际学习内容制定出考试的方法和评定标准,使方法与考核对象的总体水平相适应。评分表的制定可采用统计学的方法,使分数值具有较好的区分度,能客观地反映考核对象的实际水平。

(三)能力考核

能力的考核不论是对体育教育的专修课,还是对运动训练的专业课来说都是一项比较复杂又十分重要的工作:能力的考核与评定不是主观随意的,它主要是以专业培养目标为依据,以教学训练的目的、任务和要求为标准,在全面考核的基础上,对学生个体发展和实践效果进行衡量并作出价值判断的过程。

为了使能力考核与评定具有客观性和可操作性,首先应将各种指标体系条理化和数量化,合理确定它在成绩中的比重,然后依据各部分内容的评分细则按百分计分法计算出各部分内容的成绩。

(四)平时考核

篮球教学考核中的平时考核主要包含日常上课的考勤、课堂提问和布置课外作业。

二、高校篮球课程教学评价

(一)评价的主要内容

1. 理论知识

理论知识评价主要是通过考核来对学生掌握篮球理论的情况有所了解。理论知识的评价往往采用口试、笔试和撰写论文的形式进行。

2. 教学目标

对教学目标的评价包括的内容主要有两部分:一是评价目标制定的合理性,二是评价教学目标的达成情况。

合理性的测量与评定是对教学大纲和课时计划中确定的篮球教学目的与任务进行客观分析,对大纲的教学目标是否符合教学计划的规定、课时计划的目标是否符合大纲的规定进行判断。

达成情况的评价是指在教学过程中进行的对阶段目标的完成情况和教学结束后进行的对教学任务完成情况的评价,通过评定来准确地把握教学进程,并对教学的效果进行客观的估计。

3.技术战术

采用一定的方法对学生学习掌握篮球技术、战术情况进行评价,是高校篮球教学过程的一个重要环节。在课堂教学过程中和结束时进行的临场实践考试,技战术学习与掌握情况的信息是测评的主要内容。技术测量的内容包括技术达标和技术评价,其中,技术达标是指学生经过学习后完成定量技术指标的能力;而技术评价则是指学生经过学习后完成定性指标的能力。

除了上述三个方面的主要内容,高校篮球教学评价还有很多其他的内容,比如,篮球教学的起始状态、篮球意识、篮球运动能力、裁判能力的测量与评定。不管进行何种内容的测量与评定,都必须采用与之相适应的方法,从而确保测量与评价的真实性。

(二)评价的主要方法

1.笔试

笔试可以大致分为两种形式:一种是考核学生运用知识分析问题和解决问题的能力的开卷,其对于高年级学生的理论考核较为适用;另一种是考核学生对记忆性篮球知识的掌握程度的闭卷,其对于低年级学生理论考核较为适用。

2.撰写论文

撰写论文的方法往往用于对综合能力的考核,把学习掌握的知识与篮球运动实践结合起来是这一方法的主要特点,由此可以看出,撰写论文能够对学生对理论知识的理解深度以及在实践中运用的能力有所了解。

3.口试

口试的方法适用于各年级的学生。一般来说,低年级往往采用课堂提问的形式,高年级采用的往往是专题答辩的形式。通过口试,能够对学生掌握篮球理论知识的广度和深度、分析和解决问题的能力及语言表达能力有一定的了解。

4.定量指标的测量

具体要根据评价的目的来选用各类指标,如速度指标主要用于技术熟练性的测量;高度指标主要用于弹跳能力的测量;准确性指标则主要用于投篮和传球的测量。

5.定性指标的测量

在篮球教学实践中大量采用定性评价指标,如各类篮球课程的考试、考核中采用的技术评定就属于定性指标。

第五节　高校篮球课堂教学的拓展——组织篮球社团赛事

一、篮球社团对高校篮球课程教学的作用

(一)发挥学生的主观能动性

传统的体育教学通常情况下都遵循凯洛夫五环教学模式(组织教学—复习旧课—讲授新课—巩固新知识—布置课后练习),这种教学模式基本都是以教师作为中心,传授知识是主要目的,学生在教学中处于被动的地位。

团结校园篮球运动爱好者,利用业余时间,通过广泛地开展篮球运动丰富学生的业余文化生活,可以缓解同学们学习或者生活上的压力,为全校篮球爱好者提供一个展现自我的平台。

在篮球社团活动中,学生的自主选择和组织活动突出了学生参与的自主性、活动的实践性和组织的社会性。在这个过程中,学生充分参与比赛活动,运用课堂所学的知识,充分表现自己的能力。社团活动形式丰富

多彩,学生在轻松的氛围中相互交流学练经验,可以帮助学生进行自我评价和相互评价,激发学练热情,增强锻炼的主动性和趣味性,调动学生的学习积极性,从而更充分地发挥学生的主体作用。

(二)拓展课堂教学内容

篮球运动技术的正规性、完整性、系统性和多变性的特点,以及建立篮球动作技能的条件反射活动过程比较复杂,使得学生理解、认识和掌握动作的过程中,需要运用多种运动感知觉、多通道的信息进行传递。

要获得运动技能就需要反复练习,逐步完善各种条件反射,建立肌肉本体感觉。不断重复的身体练习是形成运动技能的主要手段和途径。在篮球社团活动中,学生有充足的时间进行篮球技术的练习,巩固课堂教学技术、技巧,掌握篮球技术所需的身体素质和机能的活动能力,保证了所学篮球运动技术的正确性和课堂教学的顺利进行。

推动高校素质教育的实施,在帮助广大学生完善知识结构、培养实践技能、提高综合素质等方面起到了积极的作用。在社团活动中教师所教授的练习方法和练习技巧,通过个人练习、两人练习或小组练习的形式,能够帮助学生深刻理解技术运用的时机和把握多人配合的原则,为在课堂学习新技术获得良好的动作技能迁移做准备。

(三)增强学生的社会适应能力

在场馆中的篮球教学,主要关注的目标是让学生掌握运动技术,培养技战术,关注不到学生的社会适应能力,但是篮球社团活动中,突破了传统教学模式的限制,没有了院系和班级之间的界限,不同专业、不同年级、不同经历的成员在一起活动,互帮互学、团结协作、相互竞争,促进了成员之间的相互了解,增进成员之间的友谊。

学生运动能力得到提高,运动技能趋于成熟,以及生活中经历的困难和挫折不断被克服,都有利于培养学生不断超越自我的创新精神和心理承受能力。在篮球社团赛事中,激发了学生的团队精神、集体主义荣誉感和责任感。

带动高校学生积极投身志愿服务与社会实践,在服务社会篮球赛事的同时实现自我价值,增加社会实践阅历,有利于大学生调控自己的行为,提高自我约束力。学生在和谐、融洽、愉快和充满竞技的活动环境中身心健康、个性特征、体育专项素养、整体素质都获得了全面的发展,磨练了意志,增强了适应社会的能力。

(四)培养终身体育意识

在篮球赛事中,学生参与的热情和主动学练的积极性会不断加强,篮球技术和体育能力都能得到提高,学生能够亲身体验到篮球的乐趣,对篮球的认识从感性认识上升到理性认识,从单纯兴趣转化为对篮球运动的热爱,从而形成自身稳定的价值观和行为方式,为终身参加体育锻炼奠定基础。

二、篮球社团的组织机构

学生体育社团是高校体育的重要组成部分,在校园精神文明建设中有着不可替代的作用,是高校第二课堂的实施载体。学生社团遍布全国高校校园的各个角落,扮演着丰富校园文化生活、提升校园文化品位、引领校园文化时尚的重要角色。

(一)篮球社团的宗旨

促进大学生娱乐健身,丰富高校文化生活,陶冶大学生的道德情操,积极推动篮球运动在高校的推广和发展。

(二)蓝球社团的组成

1.组织策划部

组织策划部的任务是:按照社长与副社长的要求,策划篮球社的各种活动,确定活动时间、租借场地和制订活动宣传计划。组织部制订的活动计划要交给社长审查,然后申报学校,活动通过批准后,交给对外联络部具体执行。

2.对外联络部

即组织部的计划执行部门,接受组织部通过的策划然后执行。

3.宣传推广部

负责对外宣传社团活动,发布信息,建设网站,制作赛事宣传资料等。

4.竞赛裁判部

负责篮球竞赛运作,普及专业篮球规则,使社员在进行篮球比赛时更加专业,为学校组织的班级篮球比赛输送更专业的裁判人员。

三、篮球社团赛事的组织和实施

(一)篮球社团赛事的组织

篮球社团赛事的组织包括以下内容:

(1)确定赛事名称与意义。

(2)确定赛事活动内容。

(3)落实活动时间与地点。

(4)确定竞赛办法。

(5)确定报名方法。

(6)起草竞赛规程。

(7)初定竞赛日程。

(8)上报主管部门进行审批。

(二)篮球社团赛事的实施

篮球社团赛事的实施包括以下内容:

(1)成立赛事组织机构。

(2)下发竞赛规程。

(3)推广与宣传赛事。

(4)组织报名与制定比赛秩序册。

(5)开好赛前运动队、裁判员联席会议。

(6)组委会组织好赛事开、闭幕式。

(7)竞赛部门负责具体赛事日常运作。

(8)进行颁奖仪式或制定奖励办法。

(9)汇总成绩册,做好赛事总结存档备份。

第六节　新时期高校篮球教学的创新性研究

一、相关学科的对高校篮球教学的影响

(一)人文社会科学对篮球运动的影响

目前,人文社会科学已经渗透到了体育学科的方方面面,并由此产生了多种体育人文学科,如体育哲学、伦理学、社会学、教育学、心理学以及管理学等。而这些学科的出现,使得体育学的领域变得更加宽广,并且还使体育学的理论基础变得更加充实,这对体育运动水平的发展与提高来讲,是起着非常大的作用的。

上述这些学科对高校篮球运动所产生的深远影响,具体体现在以下几个方面:

第一,人文社会科学为高校篮球运动的研究提供了全新的思维方法,那就是唯物辩证的方法,这使得篮球运动的科学化研究得到了保障。除此之外,人文社会科学还使得篮球运动的理论基础变得更加充实,使其理论体系变得更加完善。

第二,人文社会科学为篮球运动的发展奠定了社会基础,与此同时,也为这项运动的进一步生活化和社会化提供了理论参考。

第三,以科学化的方式管理篮球运动,对篮球运动系统与组织管理机构的效益与效率的提高都有好处,另外,对篮球运动员自身的造血功能的提高也有益处。

第四,从体育道德意识与行为方面,来对篮球运动的参与者、组织者进行规范,能够有效地提高他们的篮球素养。

(二)生物科学对篮球运动的影响

生物科学与体育学科相互渗透,催生出了多个体育生物学科,如运动

生物力学、运动医学、运动解剖学等。这些学科对篮球运动的发展具有积极的影响作用，并且还促使体育运动向更高层次发展，主要体现在以下几个方面：

第一，探讨篮球运动对人体机能的影响与作用的机制与规律，并以不同的性别、训练水平、年龄的人在从事篮球运动时的身体发育以及健康与机能水平的特点为依据，对高校篮球教学与锻炼进行科学的指导。

第二，通过研究不同篮球运动员的身体机能、运动素质以及身体形态，来对他们的运动潜力进行预测，并以此为运动员寻找最佳技术动作方案提供依据。与此同时，通过研究与分析高水平运动员的技能动作，来将先进的运动技术模式建立起来，进而有效地提升他们的整体技术水平。

第三，探索篮球运动的物质能力代谢的规律与特点，以及从事篮球运动时消耗特点与运动性疲劳的机理，并通过药物、生物因素来让身体的恢复过程变短，而且还要利用辅助性因素来使运动员的运动能力提升，以此来对运动员进行机能评定，制定运动处方。最终，为高校篮球运动员发挥最佳竞技水平，保持最佳竞技状态提供有力保障。

第四，监控高校篮球运动训练的过程，以此来为篮球训练计划与方案的调整与制定提供科学依据，并且还要建立先进的运动技术训练与教学模式，这样能够有效预防篮球运动中各类伤病的发生，从而为延长运动寿命以及提高运动技术水平提供医学服务与指导。

二、高校篮球创新性理论研究

(一)合作学习模式的运用

1.合作学习模式的理论依据

一般情况下，合理的教学模式都具备一定的内在结构，具体环节包括理论依据、目标、评价与流程等，而这几个环节进行有规律的连接之后，就会形成教学模式的基本结构。在高校篮球教学过程中，一般都是以专家问卷为基础来完成合作学习模式的构建的。专家经由问卷的方式来分析与选择模式的目标、组织形式、教学方法与考评方法等，而且还会对这些进行排序,这样就形成了合作学习教学模式的基本结构。

在我国高校篮球运动教学模式当中,占据主导地位的依旧是传统教学模式,这导致我国高校篮球教学根本无法满足现代社会对篮球人才的需求。而合作学习模式的建立与发展则会为高校篮球教学提供有益的指导.并且这种方法也是一种优化的教学模式,是值得各所高校学习与借鉴的。

高校篮球选项课中的合作学习教学模式,是以合作学习理念为依据进行设计的,主要由选择理论、教学思想、发展理论、动机理论与认知理论等构成的,这些对高校篮球教学来讲,所起的指导作用是很重要的

2.高校篮球教学合作学习模式的目标

(1)教学目标

在合作学习的教学模式之下,高校篮球运动的教学目标包括以下几项:

第一,体育教师通过讲解动作、讨论问题以及复述动作要领等方式,来锻炼学生的语言表达能力;通过采用记忆学习内容、学生互评纠错、分析动作原理等方式,来提高学生们的想象与思维能力。

第二,学生通过教师对篮球技战术的讲解,来了解综合素质与运动技能之间的关系,以及篮球动作的基本要领、活动规律与表现形式等。

第三,教师在制定详细教学目标时,需要考虑学生的现实情况,并且还要在以教学要求为依据的同时,符合学生学习的规律,只有这样,才可以拟定出合情合理的教学目标。

通过掌握篮球的基本知识,让学生们的基本技能与思维方式都得到锻炼,并有一定提升,这是设立高校篮球课程目标的目的。

(2)情感目标

这种合作模式,同样十分重视情感目标的实现,其中,情感目标主要包括以下几点:

第一,经由教师和学生之间对于情感和认知的交互作用,来培养后者积极和乐观的学习态度,从而使他们的创造能力与审美能力显著提高。

第二,在合作学习的过程当中,教师可以结合加强学生的终身体育、合作与群体意识,以及培养学生建立和谐的人际关系等,同时,强调在不同层次、环境当中培养学生相互帮助的优良品德。

第三,教师应当让学生以精益求精、一丝不苟的学习态度,来完成篮球规定动作的练习。在练习难度比较大的动作时,则应当注重培养学生拼搏、不惧艰难的精神,从而为学生发展终身体育奠定良好基础。

(3)运动技能目标

高校篮球教学合作模式,在运动技能方面的目标为:让学生们掌握正确的运动技能,增强其协调性与灵敏度,并使其篮球活动的运动能力提升。为了实现上述目标,高校教师应当做到以下几点:

第一,对于学生各种能力的培养,一定要有针对性,并且要以学生的实际情况为依据,有层次、有阶段地进行。

第二,应将体育教师自身的创新能力充分地发挥出来,同时,还要适当加强学生创新能力的培养。各种能力的培养都应当在学生终身体育发展的基础上进行。

高校篮球实际教学过程中,各种目标(教学、情感和运动技能目标)是一个连续且有机的整体,并且是相互渗透、不可分割的整体,因此,要想实现高校篮球教学最终目标实现,就必须要通过这几个目标之间的相互促进才能完成,学生学习篮球知识的过程中,既要进行能力训练,也要进行情感交流,只有对合作意识与竞争意识的培养给予足够的重视,才能够让学生充分地体验到创新能力和团队精神的重要程度。

3.合作学习模式的流程

(1)制订计划

教师在制订教学计划的过程中,需要针对教学方法、内容、目标以及和教学相关的问题,来进行讨论和协商,并且要在最终有一个统一的意见。

(2)异质分组

合作学习模式当中最基本且有效的教学形式,就是小组合作。在运用这种教学形式的时候,应严格遵守以下几项基本原则。

①"组间同质"。各个小组的总体运动水平应当处在一个基本一致的水平,即为"组间同质"。这样才能够让小组成员的竞争是处于公平的状态下进行的。

②"组内异质"。构成合作学习的成员,应体现出班级的特点,即为"组内异质"。其一般是由两名以上(4～6人)学生,依据性格、运动成绩与交际能力的差异,来将相对比较稳定的学习小组建立起来,从而让小组内各个成员之间能够做到互补与差异并存。在学习过程中,组内各个成员应当做到积极主动、团结互助。

(3)素材准备

无论是哪一种教学模式,都必须认真地考虑教学素材的准备这一环节。高校体育教师应当围绕教学内容在课前设置一些基本问题,如战术传切配合的要求、防守队员怎样进行防守等,另外,也要提供一些收集上述材料的途径与方法。学生应当依照教师先行设置的问题,做好上课的准备,对于合作学习小组的成员来讲,可以通过图书馆、网络等方式来查阅资料。小组成员需要进行简单动作的练习与理论准备,这样做对发现不足及解决问题是很有利的。

(4)要点讲授

在完成教学的过程中,体育教师应当做到授课时间不要过长,但效率一定要高;除此之外,教授的课程不能过满,还需要留一些内容进行小组活动。

(5)指导合作

此种模式中的合作学习过程,其实就是师生共同发展、交往的一个互动过程。在教学过程中,教师应当组织、鼓励学生进行模仿学习、自学、自编、自练,倡导他们勇敢提出己的质疑与问题,并与学生合作、探究,如此才能够使学生分析与解决问题的能力得到显著提升。

(6)适时调控

在教学过程中,体育教师应当认真分析学生的理论学习和技术与战术的掌握情况,及时进行公正、客观的反馈与调控。实际上,有效的调控和反馈,能够激励学生更好地学习篮球理论与实践。学生在自己的努力与同伴的帮助之下,学会了某种技术动作之后.就能够产生非常大的满足感和成就感。

4.合作学习模式的具体操作

(1)合理分组

合作学习小组的合理性直接关系到篮球课合作教学的效果。为了使分组更加具有科学性与合理性,在分组时应对主义以下几点:

①分组要均衡。应当在考察了小组成员的性质与特点之后,才完成混合编组,另外,要求成员之间应有异质性和互补性,而小组之间则需要将同质性与均衡性充分地体现出来。因此,教师要对学生的各方面发展水平有较为充足的了解,只有在这种基础上,才能够以整体的视角来完成合理的分组任务。

②分组人数结构要合理。教师需要合理安排分组人数的结构,原因在于,每一个小组内的人数或多或少都会影响学生的参与度,篮球运动教学一般都会将班级分为3~6组,每组6人。这样除了对配对有利之外,还有利于同伴间的相互交流与合作。在分组人数结构方面,应当依据男女(2:1)、成绩优良差(2:2:2)以及个人性格与能力等因素完成小组的组建工作,从而使小组分配的合理性与规范性得到保障。

③根据实际情况适时地互换或重组。为了使合作小组中产生小集体的现象得以避免,可以依照练习内容,随时合理地互换固定组和随机组。另外,也可以依照学生的合作情况,在3~4周的时候进行重新组合,这样就能够让每一位学生都获得与其他学生交流、合作的机会。

(2)师生合作

师生之间的关系是高校篮球教学中最重要、最基本的人际关系。在篮球课堂之上,师生进行的交流与合作,出了能够形成比较良好、融洽的学习氛围之外,还能够让学生的身心健康获得良好发展,从而让学生之间的合作变得更加融洽。积极的交流能够将教师的教学热情最大限度地激发出来,能够使学生以轻松的心情学习篮球知识,进行篮球实践,另外,还能够增加教师与学生之间教与学的相互作用，将学生的主体性充分发挥出来，最终，使教学相长的目标实现。

具有更为直接的人际交往，是高校体育课的重要特点之一。在篮球运动教学过程中，体育教师应当遵守尊重、信任、共时性的原则，并通过不断提升自身素质，以及努力创建和谐、民主的教学环境，来构建出一个合作型的师生关系。

5.合作学习模式的评价

在进行教学评价时，一个重要的组成部分就是对高校篮球运动教学的评价，也就是客观地衡量教师教和学生学的质量的一个判断过程。评价合作学习小组在合作学习模式当中，实际上是一个相当复杂的过程，其除了重视个体评价之外，还对合作小组的评价也很重视。

学生个体评价具体指的是评价学生规定考核的内容，其评价方式是师评。

合作小组评价具体是指评价平时的小组活动的学习效果，师评和互评相结合、个体评价与小组评价相结合是其评价方式。

这两种评价能够将学生学习的积极性充分调动起来，进而能够使高校篮球教学的质量显著提升。

在评价合作学习模式的过程中，应注意以下几方面。

（1）评价的整体性

在完成合作学习模式评价体系的构建过程中，需要重点考察的一个方面就是整体性。在新教学观念的引导之下，现在的教学过程是一种探索性与引导性并存的教学过程，而不再只是传统的知识传授。教学安排的恰当、合理，可以让学生探求知识的过程变得轻松、愉悦，与此同时，还能够感觉到人与人之间团结协作的重要性，从而提升自己的整体素质。所以，教师在应用合作学习模式评价学生的时候，既要评价他们的技战术能力，也要评价他们与其他人合作的是否融洽等，这样才能够使评价的客观性、有效性、科学性和准确性体现出来。

（2）评价的全面性

在对高校篮球合作学习模式进行评价时，一定要注意评价的全面性.

高校篮球运动教学过程是师生的双向活动过程,既包括了教师的教,也包括了学生的学,因此,要求评价方式具有多元性。评价方式应当采用自评、互评与师评相结合的方式,这样才能够让学生由被动转变为主动,由消极转变为积极,进而实现教学的目标。

(3)评价的激励性

评价的语言应当具备激励性,即为评价的激励性。由于大学生的心理正处于逐步成熟的阶段,而他们的自主意识则需要通过别人的评价间接地实现,所以在进行评价时,必须要将评价的激励性体现出来,只有这样,才能够使学生经由评价对自己有一个全新的认识,能够对自身价值有准确的判断,从而建立属于自己的自信心与进取心。

在高校篮球教学的过程中,教师需要对以下两点给予充分的重视:

第一,在师评的过程中,教师需要注意到学生之间是有差异的,教师需要对每一位学生的优点与短处有一定的了解,这样才能够为学生形成对自己的正确认识提供帮助。同时,教师还应尽可能地采用激励性质的语言,对学生的进步及时地给予肯定,对于成绩好的学生,要及时给予鼓励让他们向更高的目标进发;对于成绩落后的学生,也要给予鼓励,让他们不要气馁,最终实现全体学生共同进步的目标。

第二,教师应当善于引导学生在互评、自评的时候,重视评价价值的艺术性,并且还要让学生意识到能够准确进行自我评价的重要性,另外,教师还需要让学生们在互评的过程中,将真正的合作关系建立起来。

(二)高校篮球技战术的创新思维与突破

1.高校篮球运动技战术创新的哲学理念

高校篮球运动的理论基础为辩证唯物主义的哲学理论,而攻守对抗的对立统一,为篮球运动在矛盾中发展的最基本特征。其将篮球运动的内外矛盾之间相互联系的根本内容与发展源泉揭示了出来,而构成篮球运动中攻守对抗的重要组成部分,就是篮球技战术。

以辩证唯物主义的观点进行思考,并抓住高校篮球运动本身的矛盾,将运动技战术之间的相对统一的创新关系处理好。这对树立正确的高校篮球观念与指导思想,以及深化对高校篮球运动的认识都是有利的,而且还能够增强对高校篮球运动规律的深层认识,推动高校篮球技、战术向新的层次不断的创新发展。

2.篮球运动技战术之间的辩证关系

在高校篮球比赛中,运动员进行攻防专门性动作的方法,就是篮球技术,与此同时,其也是一种在对抗情况之下,合理运用专门动作的能力。而在高校篮球比赛中,运动员之间有意识、有组织、有策略地综合运用各种技术,来完成攻守对抗的布阵行动,被称作篮球战术。

篮球技术,一方面是战术的基础;另一方面,也是实施战术的手段。只有运动员之间有目的、有意识地在赛场一定区域、时机内合理地运用技术,才能够构成有效的战术;运动员只有全面地掌握技术,才能够使战术的实施得到保障。与此同时,战术还是技术的组织形式,并为技术的发挥创造了条件。

3.攻防技战术各因素自我突破和完善

即便是实施成功了的攻防战术,也会有一定的弱点,截止到目前,出现一种战术是无懈可击、永恒有效的,即便是战术这一次的应用成功了,但并不保证下一次就一定能战胜对手,也就是说,即便是战术应用失败了,也不能够判定它是一个不合理的战术。在高校篮球运动中,攻防技战术争斗变得越来越激烈,而成败只是相对来讲的。因此,在制定战术时,需要合理的借鉴其失败背后合理的方面,以及成功背后的否定因素,只有这样.才能够对篮球攻防战术的发展与创新起到更好的促进作用。

通常情况下,新的技战术都是在一次又一次否定陈旧技战术的基础上诞生的,可以说,每一次的创新与改革都不是非常顺利的,但这只是暂时的挫折。因为新事物的诞生不一定是一直向前的,也可能是在曲折中前进与完善的。

综上所述,高校篮球运动是在高技巧、高速度、高空间下的激烈对抗中不断发展的,篮球运动技战术的不断创新促使其迅速向前发展。技战术的创新对高校篮球运动不断突破一个又一个的难题,登上一个又一个的高峰都起到了非常重要的推动作用。对于今后高校篮球运动的发展来讲,建立一个技战术的创新理论体系,以及合理、科学地指导技战术的创新实践,具有非常重要的意义。

(三)高校篮球技战术创新的规律与原则

1.篮球技战术创新的概念

发展高校篮球运动的过程中,需要不断地修订、改革、创造、创新与完善,只有这样,才能够向前发展。对于高校篮球技战术的创新来讲,既包括在原有基础上重新组合超越过去的再创,也包括完全新颖的首创。现代高校篮球技战术的创新很多都属于再创,因此,可认为技战术的创新指的是,教练员(或者运动员)在原来的技战术的理论与实践的基础上,对原来技战术的机理、功能、方法、结构以及应用时机的改变,并与一定的比赛实践结果相结合的一种创造性活动。

2.篮球技战术创新的规律

(1)螺旋上升规律

在高校篮球运动中,攻防矛盾是产生篮球新技术的一个重要原因。球队想要获得胜利的欲望通过比赛表现出来,并且还会为了胜利而要求技战术的创新,从而提高竞赛水平,而水平的增加又会使比赛变得更加激烈,进而对技战术产生新的创新要求,如此反复进行下去。正是这种持续不断、循环往复的创新要求,使得篮球技战术的创新处于一种无止境的螺旋上升状态(如图 2-1)。

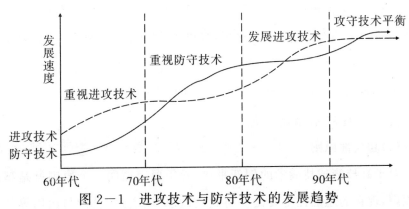

图 2-1　进攻技术与防守技术的发展趋势

（2）交互作用规律

①技战术创新的相互影响。篮球战术决定了技术的综合运用,而技术则是战术发展的基础,这种关系决定了两者之间是相互影响的。由于技术是基础,因此,创新需要先从技术开始,在技术得到创新之后,战术就会有创新的条件。反过来看,如果战术想要有什么创新,必然会对技术有新的要求。由此能够看出,技术创新与战术创新之间的关系是相互促进与相互制约的。

②篮球规则影响篮球技术创新。篮球技术创新还会受篮球规则的影响,比如,5、8、24 秒的篮球规则,就对篮球快速进攻技术的发展具有推动作用,同时,也有限制作用。这种情况下,会促进技术创新向多元化和高水平的方向发展。

（3）新陈代谢规律

在整个篮球运动的发展过程中,都体现了新陈代谢的规律,一项新技术的出现,必然在很大程度上会取代原来的技术,从而占据领先地位,篮球技战术同样如此。但是.需要注意的是,在一个技术处于高峰时,它也正处于淘汰的边缘,而新技术则会在这个时候被孕育,这就是所谓的高校篮球技术的代谢规律。篮球技术发展的一个客观规律,就是新旧更替,其中包括四个时期,即萌芽、发展、完善与消亡。人们只有抓住了恰当的时机来完成创新,才能够让篮球技术得以不断向前发展。

（4）矛盾相克规律

一直以来,高校篮球运动中都有相互矛盾、对立的关系存在,具体表现为攻防、制约以及反制约之间的相互依存、促进、对立与克制,也正是由于这种矛盾相克的规律,才使得高校篮球技战术的创新活动充满活力。

3.篮球技战术创新的原则

（1）超前性原则

对于高校篮球技战术的创新来讲,必须要遵循的一个原则就是超前性原则,现在的超前性主要是要将超前的思维、实践、设计与运用等几个方面体现出来。而先发制人则是对高校篮球运动技战术进行超前性创新的最主要目的。我国高校篮球发展想要处于领先地位，就必须要做到着眼于自己领先技术的发展。

（2）针对性原则

①针对比赛选手的特点。针对比赛选手进行的技战术创新，主要指的是针对不同的对手在关键人物、高超技术，以及风格打法、发展方向方面的特点来完成构思。

②针对技战术应用者的特点。针对技战术应用者的技战术创新，主要指的是针对运动员技术特长、战术意识、机能形态、智力水平、身体素质等特点所进行的创新。

③针对技战术发展趋势的特点。针对技战术发展趋势的技战术创新，主要指的是针对技战术发展的动态以及篮球规则所进行的创新。

总之，如果想要创新出具有实效性的篮球技战术方法，就必须要严格遵守针对性原则。

（3）可行性原则

高校篮球运动技战术创新必须要遵循的另一个基本原则，就是可行性原则。只有与球员自身条件、比赛实践要求、篮球运动规则相符的情况下，才能够使技战术的创新具有实际的可行性。那么怎样才能够增强技战术创新的可行性呢？最需要做到的一点就是对自身的实际情况进行认真的分析。只有对自身的实际能力与特点有了深刻的认知之后，才能够创新出与自身条件相符的篮球技战术。

综上所述，篮球技战术创新是一个多因素且复杂的创造过程，因此，在创新的过程中必须要遵循创新的各种基本原则。

第三章　分层次教学背景下的高校篮球教学研究

本章通过分层次教学的视角,对高校篮球教学进行深入、细致研究,内容包括:分层次教学概述、分层次教学视角下高校篮球教学模式分析。

第一节　分层次教学概述

一、分层次教学的基本原则

(一)因材施教原则

分层次教学遵循与适用因材施教原则,一方面,这一原则是现代教学论的一项核心原则;另一方面,也是我国历代教学处理教学过程当中个体差异的教学原则与策略。因材施教包括三个方面的含义,具体如下。

第一,教师需要对学生的个性特点、学习能力与学习情况等方面的差异都有了解与把握。

第二,教师要以不同学生的实际情况为依据,来进行组织教学活动。

第三,在教学过程中,教师需要面向全体学生,这样才能够使所有学生都得到全面发展,并学有所长。

因材施教上述三个方面的含义,蕴藏着素质教育的三个要义,具体如下。

1.让学生主动发展

只有让学生自主发展,才能够培养学生的创造性,才能够使人才发展具有多样性。因材施教的前提,就是承认个体差异性,并且其还强调绝不可以只用一种标准来要求所有的学生,而应当鼓励学生自由展现与发展自己的兴趣爱好和个性特征,进而将他们的个体潜能最大限度地挖掘出来。个体潜能的挖掘过程,实际上就是实践操作能力以及创新意识与能力的培养过程。

2.要面向全体学生

教师应当做"园丁",而不是"伯乐",之所以会有这样的要求,是因为伯乐想要的是千里马,而园丁的心愿则是"满园的春色"。而因材施教实际上就是从整体出发,来对个体之间的差异进行辨析,教师的目的并不是为了选拔适合完成教育的人,而是要让教育适合每一个人。

3.促进学生全面发展

因材施教一定要做到的就是要让每一位受教育者都能够比之前的自己更好。教师在充分培养与发展优良个性的同时,也会选择用不同的方法来让目标的共性要求达到。

因材施教原则包括三个基本环节,具体如下。

第一,调查教育对象,研究教学目标,这是因材施教的基础与前提。只有清楚地了解了学生的兴趣爱好、心理、能力、个性以及思维特征,并进一步了解他们的信仰、价值观念、影响因素与追求之后,才能够提出合适的教学目标,并进行针对性的施教。

第二,从实际情况出发,来对教育的内容与要求进行调整。教师一方面要提出对每一位学生都适合的教育内容与要求;另一方面,又需要区分个体之间存在的差异,并以此为基础,提供不同的教育内容与要求,除了要能够使学生的特长兴趣得到发展之外,还要做到能够弥补学生的个体缺陷,进而使个体的发展需要和社会的发展需要保持一致。

第三,要具有针对性,也就是说,教师应当针对学生的思维特点,来对教育的手段与方法加以改进,进而使学生的主体发展得到有效促进。

(二)主体性原则:教师为主导、学生为主体

教育教学的主体应该是学生,而教师应该是学生的辅导者与引路人。教师要将不同层次的学生当作教学的主体,并以此为基础,设计出不同层次的教学方案,组织不同的教学过程,进而培养出不同层次的参与意识、创造意识与主体意识。

(三)团结协作原则

教师想要以一己之力完成培养学生的任务根本是不可能的,他需要有其他教师的协作与配合才能够完成,有时甚至还需要社会与家长的配合与支持。分层次教学模式,由于有内部分层,使得教师之间的团结协作显得更加重要,另外,家长与社会是否理解这一模式,也对分层次教学的顺利启动有很大的影响。

(四)正视矛盾并促使矛盾转化的原则

学生在学习、运动、思想等方面的差异,是在他们的教育、天赋、环境的共同作用下逐渐形成的,是一个长期的过程。因此,教师需要循序渐进地进行教育,这样才有利于学生对知识的掌握。当然,学生的成绩并不是一直提高的,而是会出现反复甚至倒退的现象,此时,教师就需要利用分层次教学模式来分析与观察学生,并及时给予指导与强化,最终,让学生真正地掌握篮球的各种知识与技战术。

(五)创造性原则

创造性原则包含以下两层含义。

1. 教师应创造性地教

教师应当以学生的层次共性以及具体的教学内容为依据,并以培养学生创造力与终身学习能力为目的,进行创造性的教学。

2. 教师要启发学生创造性地学

在学习过程中,教师应当将个体的差异性体现出来,或者是以培养学生独立探索、思考的精神与能力为主。需要明确的是,创造性的学习,强调的是过程的创造性,而不是结果的。分层教学模式提供了进行创造性教学的模式依托,并且使这一过程具有了实践性与可操作性。

总而言之,分层次教学模式,就是一种全面贯彻教育方针,培养创新人才的有效载体。这种教学模式以承认学生在教学中的主体性以及个体差异性为前提,来促进全体学生的发展,并做到"分而未分,和而不合",充分体现了个性与层次,并使学生的潜能充分地挖掘出来,而且十分重视学生终身学习能力的发展与培养,切实将学生的整体素质提高。

二、分层次教学的基本方法

不同的高校篮球课程会有不同的教学方法,下面将分别对选修课与专修课的分层次教学的基本方法进行介绍。

(一)高校篮球教学选修实践课

篮球选修课教学模式以实践课为主,教师会采用讲解与示范、比赛、自学、练习等方式完成教学;而理论则采用阅读、图片、录像、讲授等方式完成教学。篮球作为一项运动,其能力的培养应当采用布置作业、座谈、课堂提问、评论等方式完成。需要注意的是,无论是采用何种方式,在整个篮球教学活动过程中,应以现代教学理论作为指导,与此同时,还要全面贯彻素质教学的思想,只有这样,才能够在教学的各个环节当中体现出能力的培养。

(二)高校篮球教学专修理论课

篮球理论知识的教学方法有很多,比如,专题作业和讨论相结合的方式,课堂与讨论相结合的方式,以及电化教学(录像、电影、图片等)等。

一般情况下,篮球理论知识主要的教学手段为教师的课堂讲授,所以要求体育教师对篮球理论知识做到熟练掌握、融会贯通、思路清晰,并且还能够以知识内容的层次为依据,重点指导学生,并要求他们完成课前预习。在讲课的过程当中,要通过提问的方式来了解学生的理解与接受的能力,这样会更便于反馈与改进教学。在课后,教师要有针对性地安排作业、批改作业,同时,还要及时让学生知道自己的作业完成情况。除此之外,体育教师还要注意引导学生关注中外篮球的发展状态,并引导他们结合国内外文化经济的发展状况来对篮球这项运动进行论述,从而使学生对篮球能够有一个系统的了解。

三、分层次教学的主要特点

分层次教学有自己独特的特点,本小节将通过对分层次教学模式下的班级和传统集体授课制的班级的异同进行比较,来体现出前一种教学模式的主要特点。

源于大工业时代的传统集体授课制,相对来讲,其教育内容是比较单一、稳定,而知识体系多是以继承前人的知识为中心,并将知识的记忆与复现当作教育的基本目标,这是因为在大工业时代,普通人在继承与积累足够的知识之后,就能够终身都不用学习了。

专家曾经测算过,人类的知识,在 20 世纪 70 年代之后,为每五年增加 1 倍;20 世纪 50 年代,为每 10 年增加 1 倍;19 世纪时,则是每 50 年才可以增加 1 倍;在此之前,人类知识的翻新进步更慢。在这种情况下,将几十个人集中在一起,进行有目的、有计划的知识传授,就能够使学习效率显著提升,并使迅速普及知识的目标实现,此后,逐渐演变成了如今的班级授课制。

班级授课制的特点包括以下几点:

第一,分班的依据很单一,通常会以学习成绩与年龄作为分班的标准。

第二,在一个阶段之内都会是固定不变的,如小学、初中、高中都是一个阶段,在每一个阶段内班级是不变的。

第三,班级比较大,而且班里的人数也比较多,少的有四五十人,多的能够达到六七十人。

第四,将掌握知识本身成了教育的主要甚至是唯一的目的。

时至今日,虽然继承与积累知识依旧是并且永远是人类进步的基础,另外,也是知识创新与社会进步的源头,但是,在 21 世纪更重要却是培养学生的终身学习能力,之所以会这样,是因为人类知识更新速度变得非常快。

班级授课制为前人所积累的知识的继承和传授提供了理想的场所,

培养出了很多社会所需的人才,长期以来为继承和创造光辉灿烂的人类文明做出了不可估量的贡献。然而,人们并不需要推翻过去的传统教育思想以及作为科技传播载体的班级授课制,因为这制度还是有长处的,当然,人们也必须要跟上 21 世纪知识迅速更新的脚步。在这种情况下,人们就需要在维持现行班级授课制的基础上,创设一种新的教学模式,即分层次教学模式。

分层次教学模式和现行班级授课制的班级的不同之处,包括以下几点。

(一)班级"合而不合、分而未分",变静态管理为动态管理

班级"合而不合、分而未分"指的是,分层法对原有班级首先按照综合素质(包含确定分层教学的学科成绩)进行分层,然后对同一个教师教学的两个平衡班进行归级重组,最后再进行交叉上课。这种教学方式在上完分层次教学科目的课程之后,其余课程则需要回到原班级上课。这样的话,原班级在大体上并未改变,但是,在不变中又有变化,因而,就能够最大限度地照顾不同层次的学生需要,做到有的放矢,区别对待。进而,让不同层次的学生,通过不同的方法与途径,将自己的篮球潜能最大限度地开发出来,并激发他们的实践欲与创造力。

前人的经验告诉人们,越与学生"最近发展区"接近的教学(俗称"跳一跳摘到个桃子"),就是越有效的教学。但是,不同的人会有不同的"最近发展区"。如果强迫学生做一些他自己不愿或者不会做的事情,一方面,会浪费学生的精力与时间;另一方面,还会伤害他们的心理与人格。而分层次教学模式就体现出了学生的个体差异性,要求教师在备课、辅导、作业、授课、测试的过程中都要重视学生之间的差异,并寻求与学生健康成长相符的最佳教学方法。

(二)引进良性竞争机制

针对传统班级授课制班级阶段内不变的弱点,引入了良性竞争流动机制,这种机制能够培养学生的实践与创新能力,还能够使不同层次的学

生都有展示自我的舞台与机会。无论以哪一种标准分班,在分班之后,都一定会因为各种各样的原因(包括内因与外因)而分化出不同层次与需要的隐形层次。

传统班级管理经常忽视隐形层次的存在,依旧选择按照班级进行教学,这样的话,就会使学习好的学生变得越来越强,而且变得不能够受一点委屈,从而使他们的耐挫力下降,并对智力的开发产生影响;中间层次的学生,感觉自己是"比上不足、比下有余",从而有无所作为的感觉产生,这对潜能的开发与利用都是很不利的,创造力的培养就更无从谈起了;对于学习困难的学生来讲,由于长期失败,导致他们无法看到被肯定或者成功的希望,进而就会变得自暴自弃、麻木不仁或者自卑。而这些都是传统班级无视隐形层次所产生的后果,由此也会产生很多教育教学的不公平性。

创造实际上就是变不可能成为可能的过程,与此同时,也是一种打破先例的活动。分层次教学模式就是一种创造性的教学模式,其将学习情况、能力、态度以及兴趣爱好等方面都比较接近的同学集中在一起,从而使他们产生一种"惺惺相惜"的亲和力,并从中找到不足与自信,进而产生展示自我的冲动,并主动参与到教学活动当中,最终将"教、学、做"的合一真正地实现。角色改变所带来的激动情绪激发出了他们超过自身智商的情商,而这会使他们的创造性思维与创造力在实践中得到开发。

分层次教学模式中的既公平又严格的良性竞争机制,使得学生的心能够紧紧贴合在一起,使学生的精力能够被吸引到集体活动与学习当中,这对班风、校风与学风都会产生一定的积极影响,可以说,在实行分层次教学模式之前,学生是在教师与家长的要求之下被动地学习的,而在良性竞争的机制下,学生逐渐变成了真正意义上的主动学习。

在竞争机制的调控之下,各个层次的学生都能够保持适度的压力,并且能够有效地将压力转换为动力动力,这使得传统班级的"一潭死水"变成了活水。之所以会这样讲,是因为学生在亲身体验之后,发展分层次教学的竞争流动机制,使得公平、公正竞争的机制真正得以实现。只有自己努力,就会获得晋级的机会,与之相反的是,如果不努力,就会退级,这就是所谓的"学如逆水行舟,不进则退"。这样的话,流动就让传统班级成了"源头活水",并在不知不觉当中培养了学生的耐挫力。

第二节 分层次教学背景下高校篮球教学模式分析

一、高校篮球普修课实行分层次教学的理论与实践

(一)高校篮球普修课教学的理论

1.学习动机理论

学习动机其实就是学习的动力,另外,其也是在学习活动当中,学生一种自觉能动的、积极的心理状态。在体育当中的学习动机指的是,人们参加体育活动(如篮球)的动力,与此同时,其也是运动技能、学习提高,以及表现运动技能的一个重要因素,一定水平的运动学习动机,能够让高校篮球参与者在篮球运动中更能够集中注意力,更能够坚持长时间的练习,并且还能够表现得更加努力;低运动动机,可能会让个体放弃并且退出高校篮球运动。

作为学习活动的启动机制,以及学习积极性的内在源泉,学习动机是由两个方面构成的,即学习需要与学习期待。

学习需要指的是,追求学习成就的一种心理倾向,与此同时,也是在问题情景当中所产生的一种活动的激起状态。学习需要能够激起学习活动以及学习驱动力。

学习期待指的是,对学习活动能够达到的目标的意念,其对学习活动的方向有制约作用,并且还具有诱发学习的作用。

学习需要与学习期待,实际上是在相互作用、联系与制约下所形成的一种学习动机系统,而在这个系统当中,前者为主导部分,后者为形成学习动机的必要条件。因此,在高校篮球教学过程当中,首要任务就是将学生的学习动机激发出来,并且还要有效提高学生的学习积极性。驱力理

论认为,如果能够激发起一个动机,那么就能够为执行某个行动提供必要的驱力与能量,动机强就说明驱力大,而推动行为的能量也就会越大。

在高校篮球教学的过程当中,教师通常会从以下几个方面来激发学生的学习动机。

(1)明确学习的目标

引起学生学习动机的一种有效方法就是让学生清楚了解学习的目标。如果学生清楚了学习目标以及活动价值,就会有学习的需要产生,进而才会尽全力完成学习。盲目学习,效率一定会很低,在确定学习目标的时候,一定要考虑学生的能力与知识水平,目标既不可以过大,让学生感到无法实现;又不能够过小,让学生感到过于容易实现,从而失去学习动机。与此同时,还需要将远大目标与具体目标有机地结合在一起。

(2)积极的鼓励

对于学生学习高校篮球来讲,积极的鼓励,其中包括适当的表扬与及时的评价,会对其有强化作用,并且还能够将学生集体荣誉感、上进心与自尊心等激发出来。

①及时的评价。一般情况下,及时评价的效果都好过不及时评价,原因在于,前者能够利用不久之前留下的鲜明记忆,来让学生有改进高校篮球运动学习的愿望,后者在这方面的作用就会比较小,因为学生对完成任务后的情景印象已经淡化了。

②适当的表扬。对于学生而言,鼓励、表扬多过指责、批评,是能够将学生的学习动机更好地激发出来的,特别是对差生来讲,更应该进行适当的表扬,这能够有效激发他们学习的上进心与增强他们的自信心。但是,如果表扬过多的话,就会让学生产生骄傲的倾向,并且还会出现忽视自身缺点的问题,从而引发消极的效果,因此,表扬一定要适度。另外,除了要表扬之外,还需要明确指出学生们的不足与接下来的努力方向。

(3)期望

在高校篮球教学过程当中,期望表现在教师对学生的期望,以及学生对学生的期望(也就是自我抱负)这两个方面,这两种期望对提高学生学习积极性、增强学习动机都有很大的帮助。

①教师对学生的期望。教师对学生的关心与期望，会在潜移默化中影响学生们的成长与进步。国外一些心理学家将这种心理现象称为罗森塔尔效应，或者教师期望效应。教师的期望对差生非常有用，这说明教师是关心自己的，并且相信自己是能够完成高校篮球学习任务的，这对提高他们的自信心与增强他们的学习动机都很有帮助。

②学生对自己的期望。不同的学生，对自己会有着不同的期望，通常来讲，较为优秀的学生对自己的期望比较高；中等的学生期望水平不等；较差的学生对自己的期望水平则较低。因此，在高校篮球教学过程当中，体育教师应善于协调不同学生的期望，让有过高期望的学生适当降低期望；让有过低期望的学生适当提高期望。因为如果期望过高，就会难以达成，学生容易产生失望的情绪，并且可能失去信心；如果期望过低，学生有厌倦的情绪产生，降低学习动机，从而导致他们不再积极地学习高校篮球这项运动。

2. 学生主体理论

现代教学理论指出，我国教育教学领域存在的较为普遍的倾向，就是忽视意识的能动性与主体的自主性。主体性教育思想认为，学生的学习过程其实是一种主体的认知活动和非认知活动的统一，是一个主体的摄入过程，而不是被动、简单地接受知识的过程，由此可知，想要有效地提升学生学习质量，首先要做的就是明确影响学生发展的一个重要因素，那就是学生主体，因此，教育的首要任务就是建构学生的主体地位。

培养人才是教育最基本，也是最重要的功能，而现代人全面发展的核心就是主体性发展启发学生的主体意识，培养他们的主体能力，从而让学生实现从"自在"主体转变为"自为"主体的目标，最终，培养出具有自主创造性与能动性的新型人才，这就是教育最重要的使命，而高校篮球教育同样肩负着这样的使命。

学生主体具有两种含义，具体如下。

第一，学生为认识以及学习活动的主体，教师需要引导学生在运用与学习知识的过程当中,主动地、能动地完成高校篮球的各种学习任务。

第二,学生为发展的主体,体育教师应当重视培养学生自主发展,以及自立创造的能力,并引导他们做发展的真正主人。在高校篮球运动的教学过程当中,人们非常重视学生的主体作用,不仅重视学生"主体参与"的必要性,而且还采用了相应的合理措施来发挥学生的主体作用。

(1)教师要树立"以学生为主体"的观念

教师应当从学生的身心出发,并努力促进他们人格与能力的发展,切记不可抑制学生的主体能动精神。在进行高校篮球教学的过程当中,学生应当是发展与学习的主体,并且还要树立起"以学生为主体"的先进观念。

(2)激发学生的学习动机

由于学生本身就具备创造性、能动性与自主性,因此,在高校篮球运动学习的过程当中,学生是发展与学习的主体。可是,学生如果想要真正成为学习的主体,就必须要具备明确的学习动力与学习需要,只有这样,才能够做到更愿意学习。

当然,人们并不是一味地强调学生主体能力的培养与主体作用的发挥,实际上,教师在教学过程中的主导作用也是很重要的,因此,对教师的整体素质会有更好的要求。教师除了需要将既定的教学任务完成之外,还需要在高校篮球教学过程中明确自己作为控制者的角色,即要当一名合格的"导演"。

3.信息反馈调节理论

反馈调节指的是,在整个高校篮球教学过程当中,师生要能够及时地从教与学中获得反馈信息,以便了解实际的教学情况,并以此为依据对教学活动进行控制与调节,最终使教学效率提高。运用现代信息论、系统论与控制论的基本原理,来对高校篮球普修课进行剖析,也就是说,可以将整个教学过程看作是一个控制系统,在整个系统当中,师生双方必须要进行信息交流,而且要通过信息反馈,实现教学的调控,进而实现提高教学质量的目标。

高校普修课教学中的信息反馈,一方面,能够让师生了解自己在活动中的相关信息;另一方面,也能够了解反应活动的结果与预期目标之间的偏离信息,之后,就会以此为依据,发出纠正信息来对错误的反应活动进行纠正,进而实现教学目标。练习过程当中信息反馈的作用,主要体现在对每次练习后的输出质量所进行的及时识别以及有效的利用。

由于实施分层教学模式,因而,不同班级会有不同的进度与教学内容,此时一定会存在教学内容难或易、进度快或慢的问题,那么教师就需要以学生的掌握程度和他们对教学的反应为依据,及时调整教学内容与进度,从而适应学生的学习。

高校篮球普修课教学过程中,进行反馈调节的具体程序如下。

第一步:及时获取学生的反馈信息。

第二步:及时评价获取来的反馈信息,并对高校篮球普修课教学活动做出恰当的调节。

高校篮球普修课在实施分层教学时,就有效地利用了反馈调节的理论。教师在客观、全面地了解学生,并将他们看作是学习活动主体的基础上,建立了民主、友好、平等的师生关系。在有了这种关系之后,教师与学生之间的交流与沟通就会变得更加容易,而且教师也能够及时收到更多的反馈信息。此后,教师需要对这些信息及时做出评价。

(二)高校篮球普修课教学的实践

在高校篮球普修课教学实践过程中,应始终贯彻"主体参与"的原则,承认在整个过程中,学生才是学习与发展的主体,在教学实践中,为学生提供了发挥自身主体性的机会,并鼓励学生积极参与教学活动,这会让学生的学习动机提高,并使学生多个方面的能力都得到发展。

第一,要利用课前时间提出疑问,与此同时,也要鼓励学生在实践练习过程中进行独立思考,并寻找问题的答案,从而使他们独立思考问题的能力得到锻炼。

第二,以讨论、讲解的方式鼓励每一位学生发表自己的意见,并且要让全体学生都参与到高校篮球普修课教学活动中,进而形成一个良好的教学氛围。

第三,要让学生对教学过程中的重要环节进行自学探究练习,以此来培养他们探索问题的创造精神。

在一系列的主体参与教学过程当中,让学生们逐渐了解自己的主体地位,与此同时,还需要引导学生形成一种主动参与学习过程的习惯,这样就能够有效地提高学生的学习动机。

二、高校篮球分层次契约教学的理论与实践分析

(一)高校篮球分层次契约教学的理论

1.契约教学概念的界定

契约教学是在传统教学方式的基础上诞生的一种新型的教学方法,其是传统教学的一次革新。这种教学模式主要是以学习契约的形式完成学习任务,其与新时期教学的目标与方针相符,是在尊重学生意愿的前提之下,教师与学生之间相互协商、共同完成学习任务的一种教学方法。

教师与学生共同协商与签订契约书,并在契约当中载明学习的目标、时间、内容、方法,以及策略与评估方式等,之后,以学生个体之间真实存在的差距为依据,制定有针对性的组织教学方案,即为契约教学。其是在师生双方自愿的情况下,为了实现共同的教学目标,而制定的书面教学协议。

经由契约教学的概念可知,契约式高校篮球体育教学指的是,通过契约的方式,使师生相互协商共同完成体育教学的任务,并且让学生能够在学习中获取更多的快乐,从而真正实现高效学习与快乐学习。

契约式教学的特性包括:目标的差异,过程的协商,以及内容的个别化。

契约教学的主要构成要素,包括以下几项。

第一,学习目标。

第二,学习资源。

第三,学习策略。

第四,完成学习目标的证据。

第五,评估证据的标准以及工具。

第六,完成学习目标的时间表。

高校篮球契约教学主要是在尊重学生情感及充分彰显人本主义的前提下,所构成的一种新型的教学体系。"以人为本"主要强调的是在尊重学生的氛围中,给他们提供一个民主、平等、自由的学习环境。教师尊重学生,与此同时,双方也会达成一个公共进步的教学内容、方法与时间表。

在高校篮球契约教学的过程当中,教师与学生会一同实施与完成各项教学内容,并且让学生以自主性的学习代替传统的被动接受,以此为基础,来培养学生们自主、独立学习的能力。而这就是在人本教学的基础之上,实现契约教学的一个巨大的进步与改革。因此,采取契约教学模式,能够做到充分考虑并适应全部不同层次的学生。这种教学模式是以培养学生独立自主,以及建立激励机制作为主要的出发点,来对学生进行有针对性的教学。

高校篮球契约教学的主要优势包括:教学方案比较全面、灵活,其中,除了会融入外在教学机构的要求之外,还会有效地与学生自身的目标相结合,从而有选择地完成预计的目标,这样的话,在教学过程当中,师生就会有距离更近的接触,而教师也会对学生有更深入、全面的了解,与此同时,还能够更好地促进学生主观能动性的发挥,实现师生之间的良性互动,最终,实现提高教学水平的目标。

2.分层次教学

由西方人最早提及的分层次教学,经过多年发展之后,才传入了我国,因此,我国对这种教学模式的研究时间并不长。在分层次教学中,教师会以不同层次学生接受知识水平的能力为依据,设定合理的教学目标,从而引导他们在短时间内取得一定的进步,进而使每一位学生都能够比之前有所提高。

3.分层次契约教学

分层次契约教学指的是,在分层次教学的基础之上,对不同层次的学生贯彻落实契约教学的一种教学方式。而划分层次的依据则是班级学生的实际水平,并在每个层次独立完成契约教学,以及实施因材施教。这种教学模式将学生的个体差异与教学方针有机结合在一起,并以不同学生之间的具体情况(水平、个性特点等)为依据,进行高校篮球运动教学活动,与此同时也会促进不同学生最近发展区的进步。

(二)高校篮球分层次契约教学的实践

高校体育教师通过实施篮球分层次契约教学模式,会有很多不同的收获,具体包括以下几种。

第一,分层次契约教学对增强学生学习的积极性很有帮助,而且还能够使学生学习的自信心增强。由于这种教学模式是将"以人为本"作为基本的教学理念的,因此,其会尊重每一位学生主体地位与个性。

第二,分层次契约教学会与学生的实际情况相结合,来制定有针对性的教学方案,所以能够在短时间内实现所制定的教学目标。由于这种教学模式能够让每一位学生的知识与技能在短时间内得到一定程度的提升,因此,学生可以收获成功,与此同时,还能够感受到篮球带给自己的快乐。这样的话,学生的愉悦感会增加,而自卑感会减少,学习篮球的欲望也会不断增强。

第三,分层次契约教学的根本目标就是能够让全体学生得到全面发展,其立足点也是全班学生,最终目标则是让学生在学习中获得更大的进步。另外,由于每一位学生接受知识的能力与基本素质并不相同,因此,在分层次教学实践中,需要以学生自身的差异性为依据,来制定与之相适应的教学方案与目标,争取让每一位学生都能够在高校篮球学习中获得满足感,进而实现全体学生的共同进步。

第四,实施分层次契约教学对培养学生的学习能力是有帮助的,其体现了学生能够运用科学的方法去独立获取、加工信息,并且运用所学知识解决问题的个性特征。由于学生能够经常在这种教学模式下享受到收获的喜悦,因此,他们会在整个学习过程中,持续不断地发挥主观能动性来进行练习与思考,而这对他们掌握动作是很有帮助的。另外,教师在整个学习的过程中,需要扮演好引导者的角色,从而帮助学生真正实现进步。

三、高校篮球分层递进教学模式的理论与实践分析

(一)高校篮球分层递进教学模式的理论

分层次递进教学模式指的是,在不打破原来行政班的基础上,以学生个体差异为依据,将他们分为不同的层次,之后,再以各层次学生人数为依据,组成各个益智学习小组,在高校篮球教学的各个环节当中,会以不同学生的需要与特点为依据,来设计与之相适应的教学目标,并且还会提出各种不同的学习要求,以及采取不同的教学方式,这样的话,就能够让每一位学生都做到个性发展,进而实现全体学生共同提高的目标。

高校篮球分层递进教学模式的理论依据,主要包括以下几种。

1.个别差异和因材施教理论

高校篮球体育教学应当以全体学生的全面发展为本,但由于人是差异性与统一性的综合体,并在发展的过程当中还会受到社会环境、家庭教育等主观因素,以及遗传因素的制约,因此,人与人之间总是会有差异存在。在这种情况下,体育教师就必须要承认个体的差异性,并且要进行区别对待,因材施教,而且还要始终贯彻从实际出发的原则,来创造出与各类不同学生发展相适应的条件,只有这样,才能够使学生学习的积极性被不断激发出来,从而更好地促进他们的全面发展。

2.维果茨基关于"最近发展区"的理论

心理学家维果茨基曾讲到,"教育教学就是要利用学生已经具备的发展水平与教学要求之间的矛盾,来促进他们的发展",而分层递进式教学模式,就是要以这种矛盾来确定篮球指示的深度、广度,以及教育、教学的进度,以此来促进每一位学生都能够获得最大的发展。

3.建构主义理论

高校篮球分层递进教学模式,就是以学生为中心,并在整个篮球教学过程当中,由体育教师来发挥指挥者、帮助者、促进者与组织者的作用,与此同时,还要利用协作、会话、情景等学习环境要素,将学生的积极性、首

创精神与主动性充分发挥出来,最终达到让学生有效实现对当前所学知识的意义建构的目的。

4.教学过程最优化理论

关于教学最优化的理论,苏联教育学家巴班斯基认为,在教师传授比较容易理解的教学内容时,只需要给练习中的学生一般性的辅导就可以了;当传授较难内容时,学生应当进行分层次的练习,也就是说,学习较差的学生做简单的题目,与此同时,教师提供必要的辅导;学习较好的学生做比较难的题目,与此同时,讨论学习的多种方案,而教师在传授这些复杂的内容时,需要将个别辅导与集体讲授有机结合在一起,并分层次地进行。高校篮球分层次教学模式同样如此,即通过分层施教、合作达标、共同提高等方式,来完成教学任务,并且还要做到个别、分组以及集体教学三者的有机结合。

(二)高校篮球分层递进教学模式的实践

高校篮球分层次递进教学模式的实践,具有以下几点好处。

第一,高校篮球分层递进教学,促进了学生对篮球这项运动的学习,并且还让学生学习篮球的兴趣显著提高了。

第二,高校篮球分层递进教学模式,真正做到了面向全体、统一要求与因材施教的结合,并且还突出了在篮球教学过程中学生的主体地位。

第四章 启发式教学背景下的高校篮球教学研究

作为高校篮球体育重要组成部分的启发式教学,对高校学生学习、掌握篮球运动基本知识和技术技能有着重要的指导作用。本章主要介绍启发式教学的基本理论、主要特点,重点分析了启发式教学下的高校篮球教学模式。

第一节 启发式教学概述

一、启发式教学的基本理论

(一)认知理论

1. 加涅的信息加工认知学习论

加涅的理论认为,教学即教师以学生的自身学习条件为依据,创造、设计某些适合学生学习的外部条件,让他们能够进行有效的学习,并实现预期的教学目标。另外,在教和学的关系方面,教师的教是在学生的学的基础上建立的。

现代启发式教学方法,需要在充分了解学生原来认识水平的基础上完成教学,这样才能够更好地激发出学生们学习的热情,才能够获得更好的教学效果。另外,还要重视学生学习能力的培养。

2. 布鲁纳"认知发现说"

布鲁纳的观点为:学习的本质,并不是被动地形成刺激反应的联结,而是主动地形成认知结构。对于学习者来讲,应当主动地获取各种知识,而且要将所获知识和本身已经具备的知识结合在一起,并在脑海当中形成一个框架，积极地建立起属于自己的知识体系，而不应该是被动地接受知识。

布鲁纳认为教学指的是，教师将知识转换成为一种以表征系统作为发展顺序，让学生们自主发现学习，让学生自己整理就绪，并成为学习的发现者。

现代启发论认为，学生才是教学环境的主人，才是教学的主体，因此，想要创造一个优秀的教学环境，就必须要有学生积极的支持、配合与合作。

3.维特罗克"生成学习论"

维特罗克是在信息加工心理学的相关研究的基础之上，得出的人类学习的生成模式。

（二）人本主义理论

"以学生为中心"是人本主义教育心理学的核心，其注重学生能力的发挥，也尽力做到让学生自由、愉悦地学习。人本主义认为，在面对学生时应给予充分的理解与尊重，并且要让他们在快乐、自由的氛围当中完成学习任务，另外，还要将学生们的学习积极性充分地激发出来，不赞同强制性学习，当然，人本主义也不是完美的，其对人的综合、整体的全面发展不够重视，而对智育则过于重视。

对于人本主义，教师可"取其精华，去其糟柏"，争取成为一名促进学生学习的合作者、促进者以及引导者。

二、启发式教学所具有的特点

在将教师主导作用充分发挥出来的前提下，以学生的认知规律以及本学科的规律为依据，将学生的求知欲望激发出来，并将他们的积极性调动起来，从而让学生最大程度获得技能与知识的一种方法，被称为启发式教学。将学生学习的积极性、主动性调动起来，发展他们的综合能力与素质，为这一教学方法最主要的特点。

（一）启发式教学目的观

将学生们的能动性、创造性与主动性淋漓尽致地发挥出来，使学生学习的兴趣显著提升，让他们获得全面发展，养成自主学习的好习惯，为启发式教学的目的。

在高校篮球教学当中应用这种教学模式的目的在于，将学生在学习过程当中的主体地位发挥出来，让他们学习篮球的积极性被激发出来，进而做到全面、灵活、熟练掌握各种篮球技巧。

（二）启发式教学过程观

启发式教学的过程，一方面，是灵活多变的；另一方面，也是统一协调的。另外，教师应结合自身创设的情景与学生发现的问题来完成教学。

启发式教学的基本要求有以下两点。

第一，要对学生收敛性思维与发散性思维的培养给予充分的重视。

第二，要对全面发展非智力因素以及智力因素都给予充分重视。

（三）启发式教学课程观

针对传统教学方式所提出的启发式教学，其强调的是在教学课堂中，体育教师应当采取各种不同的方式，来引导学生更加独立、积极地进行思考，争取自主获得新知识的一种教学方法。这种教学方式的实质为：将学生学习的主动性调动起来，引导、启发他们积极地进行自主思考，并将他们的内在潜能挖掘出来，进而让外部教学产生内化作用。

篮球启发式教学的课程观，主要强调的是教学内容应当从技术熟练程度为主，转变为学生自主创新、实战练习为主，这样有助于学生将自己的创造思维充分发挥出来，从而获得"举一反三"的学习效果。

第二节 启发式教学背景下高校篮球教学模式分析

一、启发式教学背景下高校篮球教学模式的理论分析

在高校教学改革不断深入的今天，传统体育技能教学模式的缺陷也

逐渐凸显出来,并且很难让培养对象的需要得到满足。传统体育技能过于单一的教学模式,忽视了对技术效果、目的与时机的传授,而只关注传统技术动作,这样就会造成学生所学的技术无法灵活运用到实践当中。针对这种情况,最为关键的就是要改变过去的教学方法,最重要的是要清楚地了解到,对于不同的教学方法来讲,是有不同的运用范围、条件与时机的。由此可知,积极的研究与探索新的教学方法,以及改变过去的教学思想以及观念是非常重要的。

目前,高校篮球课程教学的一个全新的课题,就是如何让学生对学习的课程产生兴趣,如何让学生的专项技能得到提升,如何让教学的效果得到改善,如何让教学方法适应学生自身状况。

自体育院校开设课程开始,篮球普修课都是一门专业必修课,而且在体育教学改革过程中,篮球课教学方法的改革都是热点与难点。一直以来,在体育改革道路上,教师都在深入地研究怎样对篮球教学方法进行改革,怎样提升学生学习篮球的兴趣,并最终提升篮球教学的质量。截止到现在,已经取得了一些成果。

在篮球教学当中,由于对现代体育教学思想的片面理解,以及受到传统体育技能教学思想的影响,导致到现在仍然有很多教师采用传统的体育技能教学方法,从而致使很多教学目标无法实现,并且还存在着较为突出的问题。

学生是一个完整的个体,且在学生的人生当中,教学活动是极为重要的一段经历。在高校篮球教学活动中,培养目标是具有全面性的,学生的意、行、知、情等方面,不但有了长足的发展,而且还会反作用于教学当中,也就是说,课堂教学除了能够使学生的认知能力提升之外,还对培养他们的情感控制力,增加其情感体验有一定的帮助。

二、启发式教学背景下高校篮球教学模式的实践分析

(一)实验设计

为了使得启发式教学模式更好地应用于教学实践,高校体育专业篮球普修课教师对其进行了实验设计,以内蒙古师范大学为例。

1. 实验地点

实验的地点为:内蒙古师范大学篮球馆。

2. 实验对象

实验对象为:选取内蒙古师范大学体育学院 2009 级篮球普修课的 96 名学生作为样本,并以随机的原则为依据,将这些学生划分为三个小组。在这三个小组当中,其中一组为实验组(共 31 人),称为实验组,其余两个为对照组,称为对照组 1 班(为 33 人),对照组 2 班(为 32 人)。在进行实验设计之前,需要先测试所有研究对象身体状况(包括体重与身高)、体能,以及专项技能(包括传接球、投篮及运球技术)。

3. 实验内容

本实验的研究内容为:内蒙古师范大学体育学院运动训练专业篮球教学大纲中的内容,并且无论是对照班,还是实验班,它们的教学内容都是一模一样的。

4. 实验步骤

与采用传统教学理念相比较,贯彻启发式教学理念,设置教学情景,教学情景必须紧密结合关键环节,这样做对学生诸多目标的实现都会产生正面、积极的效果与影响,如体育参与目标、身心健康目标、运动技能目标,以及社会适应目标。

5. 前测

如表 4—1 所示,为实验之前的分班情况。

表 4—1 实验前的基本情况

组别	男	女	总
实验组	25 人	6 人	31 人
对照组 1 班	25 人	R 人	33 人
对照组 2 班	24 人	8 人	32 人

如表 4—2 所示,为实验之前实验对象的身体素质情况。

表 4—2 实验前学生的身体素质情况

组别	身高(cm)	体重(kg)	臂展(cm)
实验组	181.5	67	178
对照组 1 班	182	65	180
对照组 2 班	181	68	177

在实验之前,已经测量了所有参加实验的对象的臂展、体重与身高,由表5－2能够看出,实验组和对照组在身体素质情况上是非常相似的。

在本次实验当中,实验测试项采取的是内蒙古自治区单招考试篮球专项中的考试内容,并以其单招考试篮球专项的评分标准作为本次实验的评分标准。

6.中测

实验班和对照班同时参加篮球期中考试测评,本次测试考试项目同上,本次实验的评分标准为内蒙古自治区单招考试篮球专项的评分标准。

7.后测

在实验结束之后,实验组和对照组需要一同参加期末考试的测评,而实验测试项目依然同上,本次实验的评分标准为内蒙古自治区单招考试篮球专项的评分标准。

8.实验控制

运用简单整群抽样法.将参加这次教学实验的学生,分为两类,一类为实验班,另一类为对照班,并分别对两类班级进行教学实验,争取做到三个班处于一个基本一致的状态,以此提升实验的准确度。

实验班与对照1班的教学内容都是一样的,但是,会使用不同的教学模式。

传统的教学方式,为对照班采取的主要教学方式,具体为:首先,教师为学生讲解与示范各种动作,之后,安排学生完成分小组训练练习,另外,在学生进行高校篮球训练的过程当中,教师则会对学生进行技术评定,抑或是单独指导。

启发式教学模式则是实验组采取的主要教学方式。两组教学时长是一样的,都是16周64学时;实验组和对照组的任课教师都是具有多年教学经验的教师,并且是由具有副高职称以上、体育教学经验丰富的专业课程教师来完成实验当中的测试打分的。

实验班与对照班的学生,不仅要完成正常的上课任务,还应利用课余时间进行与篮球运动相关的练习,比如,同学之间进行投篮比赛、运球接力比赛等同学们应该充分的利用课余时间,用于提升自己整体的篮球技能水平,并能在课堂中更好地接受、掌握篮球动作要领,收获更多技能。

(二)实验的整体构思

1. 指导思想

以内蒙古师范大学体育学院运动训练专业教学的大纲要求为依据,并与启发式教学方法的指导思想以及篮球普修课的教学规律相结合,来构建出与这次实验相符的指导思想。对于整个实验过程来讲,主要要将以学生为主体、中心的思想体现出来在高校临球教学过程当中,应当对调动学生的主动性与积极性多加注意,进而让学生能够自己主动的探索出问题的答案。除此之外,还要对问题情景的设置给予充分重视,这样才能够让学生自然而然地进入到预设的场景当中,以此将他们学习的积极性、主动性激发出来,有效提高学习的效率。

2. 教学内容

以内蒙古师范大学体育学院运动训练专业的教学大纲要求为依据,并与篮球课的教学规律相结合,采取课堂集中授课的形式进行教学,选择了运球、传接球、投篮三项内容为教学的主要内容。

这三项内容符合篮球教学的基本规律,是篮球技术中最基础的动作,也是篮球的基本功。

第五章 拓展训练背景下的
高校篮球教学研究

进入 21 世纪初期,我国的高校体育教学就开始引入了拓展训练,但是当时是以"野外生存生活训练"的形式开展,并且是由相应的专业人员引导进行的。但是,因为拓展训练具有一定的特殊性,因此,拓展训练不仅对于高校体育教学有着很大的影响,而且能不能引入、应该如何引入也成为一个值得讨论的问题,基于上述因素,本章就拓展训练对于高校篮球的影响,以及高校篮球是否应该引入拓展训练等问题进行了阐述和分析。

第一节 拓展训练概述

一、拓展训练的起源

关于拓展训练起源的说法很多,但是大多都无据可查。目前,公认的说法是,拓展训练起源于二战时期的海员生存训练,这种训练不仅可以提升海员的专业技术水平,而且能够有效地磨炼其意志。

目前而言,拓展训练的范围已经相当广泛,已经由原本的专业技术训练以及体能训练拓展到了意志训练以及人格训练乃至精神管理等很多方面。值得注意的是,拓展训练虽然经过了很多年的演变,但是,主要内容还是利用一定的自然环境,结合必要的措施,对团队的团结性乃至合作精神都有很大的提升。

值得注意的是,根据开展拓展训练的对象不同,教学目标也有不同,具体见表 5—1。

表 5-1　拓展训练以及教学对象、教学目标之间的关系

教学对象	专业运动员	业余运动员	体育师资培养	大学选修课学生	社会体育运动工作者	其他
教学目标	在保证不损害学生身体健康的情况下,力争早出成绩、快出成绩	保证身体健康的情况,结合学生(未成年学生要结合家长愿望)达成教学目标	某项或者某个项目的体育目标,或者是系统地全面培养	让学生了解某个体育项目,掌握该项目最基本的运动能力	结合当地的社会体育开展情况以及个人愿望进行教学	结合个人兴趣和个人身况实体状进行培养
教学模式	专业化、系统化、训练教师随时监督	营业化、系统化训练为上,主要依靠学生自学	教学内容力求全面,学生自学为主	教师引导与学生自学相结合	密集性授课结合学生自学	集中授课结合学生自学
教学内容	专业内容、理论知识、基础学科教育	专业内容以及相关理论知识	足够完备的全面的理论知识以及专业技能	基础的理论知识,最基本的专业技能	结合学生实际需要进行授课	结合学生个人愿望进行授课
其他内容	思想道德教育、心理教育、运动科学教育	心理教育、思想道德教育	运动科学相关理论、心理以及生理学知识	运动科学的相关理论	组织管理能力以及相关理论知识	结合实际情况进行掌握

二、拓展训练的功能

(一)凸显篮球教学的综合性

与其他体育项目相比,拓展训练本身就有很强的综合性,不仅可以全面提升学生的身体素质,而且能够有效磨炼学生的情感和心智,同时,拓展运动还可以通过学生与大自然的接触,有效激发学生的美好情感。

（二）强调学生能力的提升

与其他体育项目相比,拓展训练之所以可以提升学生的能力,主要有以下几个原因:

首先,拓展训练具有一定的挑战性,符合大学生年龄特点以及心理特点。

其次,拓展训练具有一定的冒险性,能够有效强健大学生的心理和身体。

再次,拓展训练具有一定的趣味性,并且在实际操作当中有很多变化,可以提升学生的学习兴趣。

最后,拓展训练具有一定的实用性,能够让学生在训练当中学会很多处理实际问题的技能。

（三）提高教学任务实现效率

篮球运动在实际教学当中存在最大的问题就是教学任务实现效率不高,但是拓展运动可以有效改善这一点,具体而言主要有以下几个方面的因素:

第一,可以有效凸显篮球注重技术和对抗性的特色。

第二,可以有效提升学生的感觉器官的灵敏度。

第三,可以有效提升学生的身体稳定性。

第四,可以有效改善学生的体育思维能力。

（四）提高学习兴趣

与其他学科一样,保证学习顺利进行的首要前提就是良好的学习兴趣,而拓展运动对于篮球教学的学习兴趣的提升主要体现在以下几个方面:

第一,拓展运动本身娱乐性较强,可以有效增强学生对于篮球运动的热情。

第二,拓展运动强调团队成员之间的合作,可以有效激发学生学习篮球运动的主动性。

(五)减轻学习疲劳

高校篮球运动最大的特点就是不但要学习篮球技术,而且要能够有效减轻学生的学习疲劳,而拓展运动对于减轻学习疲劳方面,有着显著表现,具体如下:

第一,拓展运动可以提升学生的学习兴奋性,让学生在学习过程中始终保持对知识的热情。

第二,拓展运动可以把篮球运动中某些枯燥的基本运动作转化成为游戏,引发学生的兴趣。

三、拓展训练的特点

(一)理念相对先进

拓展训练教学先进理念之所以要发展,主要有以下几个原因:

(1)拓展训练本身从人类的自发运动到人类的具体科目,仅仅只有不到二百年的时间,因此,很多看似成熟的理念,其实一直在发展当中。

(2)在近二百年期间,人类的饮食结构以及生活条件乃至运动条件都产生了很大的变革,人类的运动量大大减少,运动习惯也有了很大的改变。为了人类整体的发展,先进教学理念的形成也迫在眉睫。

(3)固然,在多年的篮球教学的发展过程中,出现了很多流派,也出现了很多关于篮球教学的理念,但是,这些理念却不适用于今天的高校篮球教学。除此之外,我们也知道,篮球教育不是一个简单的运动技能传授以及实践的过程,而是一种设计运动生理学、运动心理学以及运动医学等多层次的内容,从这个角度上说,高校篮球教学研究必须要立足于篮球,同时要开展拓展教学,但是又不能囿于单纯的篮球研究,只有这样,才能从根本上提升篮球教育研究的层次。

(二)促进良好教学经验的发扬

篮球教学和其他学科的教学一样,都需要各个层次的教师之间相互交流,才能从根本上促进教育水平的发展,而这一切的前提,就是要促进良好教学经验的发扬。

值得注意的是,高校由于其具有的教学性以及科研性的统一特点,导致高校篮球教学在所有层次的篮球教学当中,具有一定的引领性和规范性。拓展训练最大的特点,就是具有多层次尤其是跨学科的交流作用。因此,从这个层面上讲,高校篮球教学的研究,更要弘扬良好的教学经验。

(三)促进各个层面,各级学校的教学改革

高校篮球教学改革,在一定程度上可以引领我国总体的篮球教学改革。同时,相对于其他层次的篮球教学而言,高校有更强的科研条件以及科研人才,因此,引入拓展教学之后的高校篮球教学方法的改革和发展,可以有效引领和促进我国各级学校的教学的改革和发展。

四、拓展训练在国内高校的发展状况

(一)缺少专业的师资队伍

目前而言,绝大多数高校体育拓展教师大多没有经过长时期专业系统的训练,导致其业务水平不高,专业知识不强,给拓展训练理念下的高校体育的教学模式的改革带来了巨大障碍。

(二)可借鉴成功教学模式少

由于拓展训练本身在我国出现时间不久,因此,拓展训练在我国高校体育教育中的应用时间较短,导致很多教师和学校管理者对拓展训练的认识不深,而且可借鉴的成功的教学模式较少。

(三)安全管理存在不足

高校学生本身的年龄较轻,具有很大的好奇心,如果安全管理不足,在很多在野外开展的拓展训练当中,必然存在很多的安全隐患。但是在实际教学中,很多学校由于安全意识不强,安全管理措施不足,导致出现了很多问题。

第二节 拓展训练引入高校篮球教学的必要性分析

一、引入拓展训练有利于提升大学生集体自尊

(一)贯彻"以人为本"的教育思想

时代发展到今天,高校体育教育也要在拓展体育科目的同时,引导学生树立"健康体育""终身体育"的理念。但是,目前来说,绝大多数的学校篮球教学还是偏于单调和枯燥,这十分不符合"以人为本"的教育方针。这在一定程度上影响着大学生的体育观,使他们认为篮球运动教学是枯燥的和野蛮的,同时也忽略了对学生体育意识、体育习惯的培养,学生很难建立和形成"终身体育"的意识和习惯,这与篮球教学与训练的初衷相违背。

事实上,如果拓展教学可以被合理引入到高校篮球教育当中,则可以从以下几个方面有效贯彻"以人为本"的思想:

第一,拓展教学可以让学生对于篮球有全面而深入的了解和理解。

第二,拓展教学可以有效提升篮球运动中的"团结、快乐"的体育精神。

(二)带领学生"与时俱进",侧面提升学生集体自尊

所谓集体自尊,指的是学生高度的集体责任感以及集体自尊心。总体而言,绝大多数的高校篮球教学,可以在一定程度上满足新时期的大学生对于篮球技术的掌握,但是对于学生集体自尊的提升没有太大的作用。事实上,如果通过合理的方式将拓展训练引入到高校篮球教学当中,必然可以有效提升学生的团体合作精神,从而从侧面有效提升学生的集体自尊。

(三)健全评价模式,提升大学生集体自尊

任何教学都需要客观而公正的评价机制作为教学的保证以及激励机

制。值得注意的是,在传统的教学理念下,很多学生难以得到合理而公正的评价,这就在一定程度上挫伤了学生对于篮球的学习积极性和学习热情。

想要建立起客观公正的评价体系,首先要保证评价体系可以有效提升学生的学习兴趣以及学习的积极性,而提升学生的学习兴趣以及学习积极性的前提就是要建立健全合理而且客观、全面的评价模式。

但是,目前绝大多数的高校仍然以学期末的终结性评价为主,这就导致很多学生的学习积极性严重受挫,尤其不利于培养学生的体育精神乃至今后参与体育活动的积极性和主动性。

在拓展运动引入篮球训练以及篮球教育之后,可以有效提升学生学习的积极性,尤其可以有效提升学生的团队精神,进而提升学生之间的团结程度,从而有效提升大学生的集体的团结程度,最终达到提升学生集体自尊的目的。

二、引入拓展训练有利于提升大学生学生心理素质

(一)现代大学生主要存在的心理问题

随着社会发展,大学生接触到外界的机会越来越多,因此,大学生的思想也相当复杂。具体而言,目前绝大多数学生常常存在的心理问题如下。

1.过度的自卑以及自尊

现代大学生,普遍有很强的自尊心,面对日益剧烈的就业压力以及社会竞争,很多大学生一方面希望赶紧出人头地,另外一方面也有一定的自卑心理,而自卑往往会导致他们的情感脆弱,乃至自我调节能力较弱。

2.人际交往存在问题

很多时候,或者由于家庭原因,或者由于很多其他原因导致大学生在人际交往上存在一定的问题,而人际交往问题又在另外一方面强化了其他问题,最终导致学生陷入了一种恶性循环的状态。

3. 压抑和焦虑

根据社会调查以及相关数据表明,很多大学生往往存在一定的压抑感,而这种压抑感时间久了,必然会引发一定的焦虑倾向。严重的时候,还会引发其他疾病。

4. 性格过分敏感孤独

手机的应用,固然给我们的生活带来了很大的便利,但是也从另外一个方面增加了学生的孤独,很多大学生宁可与素不相识的人交往,也不愿意跟身边同学交流,这就在一定程度上加剧了学生的孤独感。

(二)现代大学生产生理问题的原因分析

大学阶段是从学校到社会的一个过渡阶段,因此,从这个角度上说,大学生本身也是一个社会人,因此,很多大学生会由于社会关系的错综复杂,导致产生一系列的心理问题。目前,绝大多数的大学生的心理问题如下。

1. 学习问题

很多大学生,由于从高考阶段过渡到大学阶段,导致很难适应大学阶段的学习。同时,很多家庭又对大学生本身寄予很高的希望,导致学生的学习进一步恶化。

2. 个人问题

绝大多数大学生都处于青春期乃至生理的巨大变革期,因此,很多大学生往往会存在一定的思想乃至个人感情上的问题,而这些问题一旦任其发展,往往会导致很严重的后果。

3. 学校问题

很多学校的心理辅导乃至心理咨询趋于形式,而且没有配备专业的师资,甚至在实践过程当中,还发生过心理教师泄露学生心理问题的案例。

(三)拓展训练对大学生心理问题的干预措施

1. 为大学生营造良好的文化氛围

拓展训练最大的特点就是可以提升学生的参与程度,尤其可以让学生之间开展有效的互动,这就可以有效为大学生营造良好的文化氛围。

2.提升个人能力

拓展训练可以为大学生之间的有效沟通建立桥梁,从而有效提升学生健康交往的频度和效度。

(四)拓展训练提升现代大学生心理健康水平的可行性分析

1.拓展训练心理干预应用的有效性理论

拓展训练在一定程度上可以有效提升学生的心理水平,具体表现在以下几个方面。

(1)提升学生的自信

拓展训练的主要内容就是要提升学生的自信程度,同时挖掘学生的潜力。

(2)提升学生的团队责任感

拓展训练在增强学生技能的同时,还可以有效增强学生在团队中的归属感以及团队责任感。

2.拓展训练对大学生心理干预的现状

固然,拓展训练对于大学生的心理建设有着很强的作用,但是目前而言,拓展训练对于大学生的心理干预仍然存在一定问题,主要体现在以下几个方面。

第一,很多学校把拓展训练简单地看成体育课,没有和心理建设联系起来。

第二,很多学校对于拓展训练仍然流于表面,生搬硬套现象十分严重。

3.拓展训练对于提升大学生心理建设的前景

第一,拓展训练可以有效与相应的体育教学结合起来,从而让学生身心建设得到一个同步的状态。

第二,拓展训练具有一定的扩大范围,并且具有很强的可拓展性,这就在一定程度上加深了拓展训练可以挖掘应用的深度。

第三,拓展训练在一定程度上可以有效提升高校对于大学生心理建设的深度和广度。

三、引入拓展训练有利于提升大学生团队凝聚力

(一)拓展训练有利于确定统一目标

在各种训练和比赛中,必须确定运动团队的目标一致性,有了明确一致的目标和共同的利益,这才能每一个成员都能够各尽其责,不懈的努力奋斗,为达到同一目标而共同努力。团队凝聚力是影响运动员的训练态度、训练行为与训练绩效的一个重要因素。

事实上,相对于其他形式的高校体育教育来讲,拓展运动最大的特点就是可以将团队目标以及个人成就完美结合在一起,从而让大学生"自然而然"地具有高度的团队责任感以及团队自尊心,从而取得良好的成绩。

(二)有利于正确处理队员的人际关系

网络环境下,需要不断创新高校教育的人际关系,其中一个重要的方面就是要不断发展和完善心理教育的方法,将拓展训练在思想政治教育方面的育人功能充分地发挥出来。

拓展训练与传统篮球教育相比有很多无法比拟的优势,更能满足大学生选择的自主性。

大学生的自主性主要是指大学生在处理问题的时候显现出来的主体意识,能够在日常的学习和生活中进一步明确自身的学习的态度,能够对自己的未来有一个明确的规划,能够在感知的基础上,系统、科学地分析和判断网络中纷繁复杂的信息,从而提高自我的支配能力以及控制能力,积极主动地将体育教师输出的教育信息转化为自身信念,并使其外化为行动。在拓展训练当中开放性的信息呈现,使大学生可以自由提取所需的各种信息,能够极大的提高受教育者的自主性和主动性,可以使受教育者不再被仅有的参考书、基本教材所限制,其通过团队合作可以获得丰富的教育资料,自主确定学习途径和内容,进而巩固学生的人际关系。

拓展训练有利于将大学生参与教学的主动性充分地调动起来。学生

在拓展训练过程中可以不必被动、消极地接受教师的灌输和改造,而是可以积极主动地汲取拓展训练内容,能够清楚地认识自身的训练任务,能够清晰地了解自身实际情况与团队需求之间的差距,从而激发自己的潜能,积极主动地接受团队对自己的思想改造,克服人生道路上遇到的挫折以及困难,自觉抵制消极因素对自己的影响。

(三)拓展训练带来的适度外界压力有利于提高团队凝聚力

从心理学角度上说,一般来说,任何一个团队在面对外界压力的时候,团队乃至团队成员不自觉地就会为了保全自己而提升团队凝聚力,从而"自觉自愿"地忠于自己的团队,并且主动维护团队之间的利益,进而一致对外,从而有效避免自身团队受到危害和挫折,因此,在实际训练中,教练员应让每个运动员明确了解本团队的压力和威胁,以便形成和增强凝聚力。

(四)拓展训练的开展使队员之间形成有效沟通

活动的开展使运动员在训练、参赛之余丰富课余生活,促进相互的交流,增进相互之间的感情。在遇到问题时大家共同商议,共同解决,扩充了思维,开放了视野,在活动的过程中真正地参与进去,感受集体的力量,这使得活动更加有意义,在运动员的相互交流沟通中,不断形成了人际关系。在人与人的交流中,不断完善个人,充分发挥团队之间的各种力量,为团队之间的凝聚力打下坚实的基础。在体育运动员的相互交流与沟通的过程中,用真心与对方接触,友好的交往,只有这样,才能引导团队成员之间积极有效的、良好的人际关系的构建。

(五)教练的正确引导有利于提升团队凝聚力

运动员大多数的时间都是和教练员在一起,在长时间的训练、磨合过程中不断地了解对方,为同一个目标去努力,教练采用各种不同的方式去解决不同的运动员的问题,从运动员的角度去思考问题,用他们的方式进行沟通,让运动员简单易接受,这就使得运动员与教练之间的关系日益密切,同时运动员会全身心投入训练和比赛中,听从教练的指挥,认真刻苦训练。因此,这为运动员用不懈的努力达到共同的目标打下坚实的基础。

根据实际的训练以及教学经验不难得知,在实际训练当中,如果教练员一味打压运动员,不会利用激励机制对运动员进行激励,那么必然会引起运动员反感,进而会引起运动员的积极性挫伤。因此,从这个角度来说,教练员在实际训练过程中,应该充分利用良好的激励机制。

(六)合力的领导有利于提升团队凝聚力

所谓合力的领导,是与体育团队管理相对应的。具体到现实教学和训练当中,不难得知,所谓体育团队管理,其实就是教师或者教练员为了实现体育管理的目标,从而有计划、有步骤地建立起一支相应的体育团队。

事实证明,任何一个体育团队的凝聚力对于体育团队的目标的完成都有一定的决定作用但是在实际训练和教学当中,很多教师乃至教练员对于团队凝聚力提升都没有经验,而拓展训练本身就可以通过一种团队性的训练,通过提升学生的凝聚力以及团队精神,从而有效提升团队凝聚力。

四、引入拓展训练有利于提升部分篮球技战术水平

(一)凸显篮球教学的综合性

与其他体育项目相比,拓展训练本身就有很强的综合性,不仅可以全面提升学生的身体素质,而且能够有效磨炼学生的情感和心智,同时,拓展运动还可以通过学生与大自然的接触,有效激发学生的美好情感。

(二)强调学生能力的提升

与其他体育项目相比,拓展训练之所以可以提升学生的能力,主要有以下几个原因:

首先,拓展训练具有一定的挑战性,符合大学生年龄特点以及心理特点。

其次,拓展训练具有一定的冒险性,能够有效强健大学生的心理和

意志。

再次,拓展训练具有一定的趣味性,并且在实际操作当中有很多变化,可以提升学生的学习兴趣。

最后,拓展训练具有一定的实用性,能够让学生在训练当中学会很多处理实际问题的技能。

第三节 拓展训练引入高校篮球教学的可行性分析

一、加大师资队伍的建设

目前来说,我国各个高校之所以要谨慎开展拓展训练,主要原因就是缺乏师资,导致拓展训练师资缺乏的原因主要有以下几个方面:

其一,拓展训练在我国出现的时期较短,在师资培养方面目前缺口较大。

其二,拓展训练的概念以及含义不够清晰,导致师资培养的过程出现混乱。

其三,拓展训练需要的硬件设置相对传统体育项目来说更加昂贵,而且维护费用高昂,间接导致师资缺乏。

其四,专业拓展训练人才缺乏。

其五,拓展训练需要多层面的知识,但是目前这种富有综合性知识的教师很少,在具体措施方面,可以让教师与相关俱乐部接受培训,也可以与相关俱乐部合作开展拓展训练。

二、合理设置教学模式

拓展训练,本身是一项综合性体育训练,这就要求高校教师在针对拓展训练设置教学模式的时候,也应该具有一定的综合性意识,可以采取综合运用多种教学模式的方法,开展体育教学。在具体设置教学模式的时候,应该遵循以下的原则:

首先,保证足够的训练时间。

其次,保证足够的安全教育和综合训练时间。

最后,注重学生综合能力的培养,尤其要注意培养学生处理突发问题的能力。

三、做好安全预防工作

绝大多数的拓展项目以及拓展训练本身有很大的危险,所以教师无论采取哪种教学模式,都必须做好安全预防工作,具体要做好以下几个方面的工作:

一是,在训练之前,反复告知危险以及如何正确使用安全器材。

二是,配备足够的安全器材。

三是,做好安全设置。

四是,训练过程当中全程监控,严格管理。

五是,对学生进行必要的医疗以及急救知识教育,尤其是在野外的拓展训练之前,应该严格排查学生的身体情况,对于身体有严重疾病的学生应该给予特殊照顾。

六是,在拓展训练开展之前,准备相应的急救药品。

七是,对于特殊的地理环境,或者特殊的天气状况,例如:泥石流、山体滑坡、雷电等,应该取消拓展训练。

第六章　信息化背景下的高校篮球教学研究

第一节　现代信息技术与信息化教学概述

一、现代信息技术

(一)现代信息技术的概念

现代信息技术是以计算机和远距离通讯工具为手段,对以文本、图像、视频等数据所承载的信息进行采集、加工、处理、传输、变换、存取直至应用的一系列技术。其核心技术主要包括计算机技术、现代信息技术、通信技术等,它可以延伸人的感觉器官采集信息功能、神经传导信息功能、思维器官处理信息功能及效应器官使用信息功能,对人与社会的发展都起着重要的作用。在当今的社会背景下,以计算机技术、网络通信技术、数字化技术等为代表的信息技术得到了广泛的普及与发展,这些技术被应用到社会各个领域,推动着整个社会经济、文化的迅速发展。发展至今,信息化已成为世界经济和社会发展的共同趋势。现代信息技术的快速发展在教育领域也产生了巨大的效应和轰动,目前,计算机、现代信息技术以及网络技术在学校教学中得到了广泛的应用,这为教育资源的整合、教学内容的优化、教育方式的更新等带来了巨大的机遇,对学校教育的发展具有极为深远的影响和意义。

(二)现代信息技术的功能

1.再现功能

与传统教育技术不同,现代信息技术不受时间、空间、微观、宏观等方面的限制,根据教育、教学的需要,将所讲对象在大与小、远与近、快与慢、虚与实之间相互转化,从而使教育、教学内容中所涉及的事物、现象、过程全部再现于课堂,从远古到现在、从自然到社会、从异国到本土,都可以通过现代化的教学手段表现出来,从而让学生有一个直观的印象,对于学习水平的提高是非常有利的。

2.扩充功能

现代信息技术的扩充功能主要表现在两个方面:一方面,现代信息技术可以进行高密度的知识传授,丰富学生的知识体系;另一方面,教师能根据自己的需求获取互联网上的各种信息和知识,加强自己的知识储备,以更好地指导教学活动。

3.集成功能

现代信息技术能把图像的、声音的和文字的教学材料充分融合在一起,向学生提供多种感官刺激,使学生获得视听等多种感觉通道的信息。

4.交互功能

现代信息技术可以实现人与机之间的双向沟通,实现人与人之间近距离以及人与人之间远距离的交互学习,这对于教学质量的提高是非常有利的。

5.虚拟功能

在现代信息技术条件下,利用信息技术仿真生成的虚拟现实世界,可能创造一种身临其境的真实感觉,使学习都不仅能感知而且能操作虚拟世界的各种对象。

(三)现代信息技术在教学中的

发展到现在,现代信息技术在体育教学中得到了广泛的利用,其在整个教学过程中的作用主要表现在以下几点。

1.能节省师资,扩大教学规模

在现代体育教学中,采用现代信息技术进行教学,可以有效地扩大教学信息的传递范围和增殖率。用过去个别教学的方式传授知识、信息只能一比一地增殖;传统的班级授课的方式信息的增殖率可增加到几十倍速,上百倍速;用现代信息技术进行教学,信息的增殖率可扩大到几万倍速,甚至几十万倍速。

利用现代信息技术,如广播电视、卫星电视、计算机网络等,向学校、社会、家庭传输课程,凡是有电视或计算机终端的地方,都可成为课堂。通过现代信息技术的利用,一个教师可以同时为成千上万个学生上课,大大节省了师资成本,扩大了教学规模,促进了学生学习水平的提高。

2. 能有效提高教学效率

在体育教学的过程中,学生对运动知识与技能的掌握,是通过多种感官把外界信息传递给大脑中枢形成的。这些感官的功能各异,其中以眼最灵,耳次之。在学习过程中,眼、耳、脑的功能发挥得越好,学习效率就越高。而通过现代信息技术的应用,可以大大延伸人体,特别是眼、耳、脑的学习功能,学生通过各种感官的分析可以有效提高学习效率。

3. 能有效提高教学质量

采用现代信息技术进行教学可以视听结合、形式多样,可以有效激发学生学习的兴趣,促进学生积极主动地参与到体育教学活动中,从而提高教学质量。

二、信息化教学

(一)信息化教学的概念

在当今的社会背景下,信息技术在社会各领域中都得到了广泛的应用,在体育教学中,信息化技术也运用得越来越多。信息化教学指的是在现代教学理念的指导下,充分利用现代信息技术,包括网络技术、计算机及多媒体技术等在教学中的应用,调动多种教学媒体和信息资源,构建出非常好的教学与学习环境,并且在教师的组织和引导下,积极发挥学生的主观能动性,使学生真正成为知识和信息的主动建构者,从而实现良好的教学效果。

(二)信息化教学的要素

教师、学生、教学内容三者被看作是整个教学系统的主要构成要素,被称为传统教学系统的"三要素"。其结构如图6-1所示。

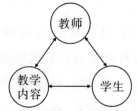

图6-1　传统教学系统的"三要素"

随着现代信息技术的不断发展,媒体的作用越来越突出。正是由于媒体要素的介入.使得教学内容在传递方式和表达形式方面发生了很大的变化,使得教学方式产生了革命性的改变在信息化教学系统中,媒体成为其重要的构成要素。

在现代信息化教学中,教师、学生、教学内容和媒体是其四个核心要素,这四个方面的要素相互影响,相互作用,进而产生了良好的教学效果(图6-2)。

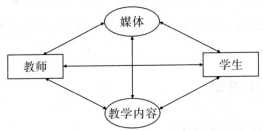

图6-2　现代信息化教学的四个核心要素

1.现代教学媒体

发展到现在,现代化的教学媒体在体育教学中得到了广泛的利用,运用到教学领域的电子传播媒体,主要有录音、投影、幻灯片、电视、录像、计算机等教学媒体以及这些教学媒体相互组合而成的教学媒体系统,如微格教学、语言实验室、校园计算机网络系统、多媒体综合教室等。通过这些媒体的综合利用,能有效提高教学效率,提高教学质量。

2.教师

在现代教育背景下,随着现代教学媒体的广泛应用,教师的角色发生了较大的转变,教师的任务也变得越来越重要。作为一名体育教师,必须要在信息化教学环境中具备相应的开展教学的能力,因此,作为一名体育教师,必须要做到以下几点。

(1)掌握现代教学理念

信息化教学中的教师要明确现代教学理念,掌握信息化教学的基本理论和方法,以更好地改善教学活动,提高教学效率。

(2)具备信息化教学能力

信息化教学能力是指教师在现代教学理念的指导下,利用现代信息技术和丰富的教育资源,运用多种信息化教学方法开展教学活动,解决教学问题,优化教学过程的能力。信息化教学是体育教师必须具备的重要能力,一般来说,主要包括以下几点。

①信息素养。教师的信息素养主要包括信息意识、信息知识、信息能力和信息道德。

第一,教师要具有敏锐的信息意识.能够正确理解"信息""教育信息化"等的概念、内涵及意义。

第二,要掌握信息方面的知识,了解信息技术、信息化教学相关的知识、方法和理论。

第三,教师要具有相应的信息能力,也就是说,要具备对信息技术进行利用来开展教学的能力。

第四,教师要具有良好的信息道德和一定的信息安全意识。

②信息化教学设计能力。在体育教学过程中,教师应当明确信息化教学设计的内涵,知道信息化教学设计的特点,理解信息化教学设计的原则,掌握信息化教学设计的方法,以设计出科学的、有效的教学方案。

③集多种角色、多重身份于一体。在信息化教学过程中,教师是教学活动的指导者,是教学内容的设计者。另外,教师还可以成为学生学习生活中的亲密伙伴,共同得到发展。

3.学生

信息技术在教学中的应用为学生的学习提供了很多便利,同时也对学生提出了更高的要求。

(1)学习方式多样化

信息技术的出现,使得学生的学习方式发生了较大的变化,学生既能够通过课堂来接受教师的指导,同时还能够通过利用现代教育媒体来获得更多的教学信息资源。在现代信息技术的支持下,学生的学习方式从过去的被动接受转变为合作学习、自主学习、探究学习等信息化学习方式。

(2)较高的信息素养

在信息化教学中,学生要具备较高的信息素养。能够从大量的信息资源中找寻所需的信息,并对信息进行加工、整理、保存;能够使用常用的软件进行学习并与他人交流;学会有效地反省、评价和监督自己的学习过程。

(3)集多种能力于一身

在信息化时代,学生要具备良好的自主学习能力。

①确定学习内容的能力。

②获取相关资料和信息的能力。

③分析与评价学习资料和信息的能力。

4.教学内容

在现代信息技术的广泛利用下,体育教学内容呈现出以下特征。

(1)表现形态多媒体化

可以用文本、图形、图表、声音、动画、视频以及模拟三维景象等形式来呈现教学内容,利用多媒体方式呈现的教学内容能够将抽象的知识形象生动地表现出来,从而帮助学生提高教学效率和水平。

(2)处理数字化

将文本、声音、图形、图像、动画、视频等教学内容信息由模拟信号转换成数字信号,其可靠性更高,更容易存储与处理。

(3)传输网络化

信息化的教学内容可以通过网络实现远距离传输,学习者可以在任何一台能够上网的计算机上获取自己所需的信息。

（4）超媒体线性组织

信息化教学内容采用超媒体技术构建，支持文本、音频、视频、图形、图像、动画等多媒体信息，并采用网状结构非线性地组织、管理信息的超文本方式，对教学信息进行有效的组织，适合人脑的认知思维方式，也有利于有效地组织教学信息，促进知识的迁移。

（5）综合化

在信息化时代，在体育教学中，需要具备各方面知识的"全才"。学生学习的内容不仅仅局限于某一门独立的学科，特别是随着网络时代的到来，学生的学习和生活中出现了许多新的课题，这些课题不是仅靠某一门或几门学科的知识就能够完成的，而是需要学生把所有学科的知识整合起来并运用到学习中，才能够很好地解决问题。这与信息化社会要求人才具有多方面的知识这一特征是紧密联系的。

信息化教学系统的四要素之间存在着错综复杂的关系，各个要素之间不同的结合方式会产生不同类型的教学系统。

（三）信息化教学的特征

一般来说，信息化教学主要呈现出以下基本特征。

1.技术层面

一般来说，信息化教学的基本特点是数字化、网络化、智能化和多媒体化。数字化使得信息化教学系统的设备简单、性能可靠、标准统一；网络化使得信息资源可共享、活动时空少限制、人际合作易实现；智能化使得系统能够做到教学行为人性化、人机通讯自然化、繁杂任务代理化；多媒体化使得教学媒体设备一体化、信息表征多元化、复杂现象虚拟化。

2.教育层面

信息化教学的特征是开放性、共享性、交互性与协作性。

（1）开放性

信息化教学的开放性使得教育社会化、终身化、学习生活化、自主化可以预见在未来的若干年内，教育将从学校走向家庭、社区、乡村，走向信息技术普及的任何地方。学习将不再受时空和地域的限制，学习者可以在任何时间通过互联网,根据自己的需求、知识背景、个人喜好、学习风格来选择学习内容、学习方式等,从而促进学习水平的提高。

(2)共享性

信息化教学的共享性是信息化的本质特征,它为体育教学提供了半富的教学资源,大量的数据文件、档案资料、软件程序等形成了一个高度综合、集成的资源库,便于教育在教学过程中充分利用。

(3)交互性

信息化教学的交互性使得学习者可以向教师提问,可以与其他学习者交流,可以围绕当前或当时的学习主题相互讨论,形成各自的判断、表达、自己对问题的理解,交流各自解决问题的不同思路,相互分享解决问题的过程和成果,甚至于相互答疑、分析和评价。

(4)协作性

信息化教学的协作性使教育者有更多的与他人协作和研讨的时间和空间,使学习者通过网上合作、小组合作与计算机合作等多种合作方式.来增加与他人合作的机会。

(四)信息化教学的理念

现代信息化教学的基本理念是"以人为本"的教学理念,这主要体现在以下几个方面。

1.信息化教学注重学生主体作用的发挥

在以往的传统教学中,主要强调的是教师的"教",随着教学理论的不断发展,学生的地位越来越重要。在现代教学中,学生是个性丰富、鲜活的、具体的、不断发展的认识主体,是独立的群体和个体,具有较强的主观能动性。在教学过程中,应该充分发挥学生的主体地位,不断促进学生自主性、主动性和创造性的发展。

2.信息化教学注重学生自主建构知识

近些年来,教学理论受到了建构主义学习理论的影响,强调学生通过自己主动建构学习知识,当然这是在教师和同学等的帮助下,通过学习资料的协助来不断实现目的。

3.信息化教学注重自主、探究、合作式地学习

在课程实临方面,新课改明确指出要改变过去机械学习和训练的状况,积极培养学生乐于探究、主动参与、勤于动手的能力。

这就要求体育教师要改变过去的教学方式,采用信息化教学的方式来对学生的探究学习能力、自主学习能力和合作学习能力进行培养。此外,还要培养学生的合作学习、主动探究的意识,让学生意识到只有积极主动地学习才能够适应信息化社会的需求。

4.侧重教学活动的启发性

过去传统的教学活动主要侧重于知识的"授—受"活动。而现代教学活动的主要观念是要求在教学中,要对活动的多样性和重要性有一个充分的认识,教师要向学生设计一些具有多种性质的活动,在活动中组织学习参与各种形式的学习,使学生的自觉性和主动性能够在活动中得以充分发挥出来,对学生的创新精神、创新意识、创新能力进行培养,以更好地促进学生的能力、知识和个性得以全面发展。

5.侧重学生的主观能动性

在具体的教学过程中,要使学生的探究激情和学习兴趣得以激发出来,对学生的个性和特长予以充分的尊重,促使学生积极参与学习,使学生的潜能可以得到最大限度的发挥。通过采用多媒体技术,教师可以激发学生的学习兴趣,同时采用多样化的教学方式来更好地促使学生更加主动积极地对知识进行自主探究。

6.侧重师生交流的互动性

师生之间的多样化交流能有效增强学生学习的兴趣,使学生在学习的过程中进行生活经验的共享,对学生的知识结构进行完善,促进学生的社会性学习,发展学生的社会性素质。对于教师来说,通过师生之间的相互交流,教师可以与学生进行平等的交往,获得共同发展。

(五)信息化教学的原则

一般来说,信息化教学需要教师遵循以下基本原则,以保障教学活动的顺利进行。

1.资源整合性原则

在现代信息技术背景下,信息化教学是指将信息技术、信息资源、人力资源、课程内容等一系列要素整合在一个系统中,有机地将各种要素结合起来共同完成教学任务的一种教学方式。因此,资源整合性原则是信息化教学的首要原则。

在信息化教学过程中,应当将信息技术有效地融入到各类教学中,将教学系统中的各个要素和各类教学资源有效地整合在一起,协调教学过程中各要素之间的关系,充分发挥系统的整体优势,提高教学效率。

2.主动参与性原则

在信息化教学中,学生被要求改变以往被动接受知识的学习方式,转变为主动探究式、合作式的学习方式,从而使得信息化教学具有主动参与性的特征。主动参与性原则是指,学生在教师的指导下积极参与教学活动,通过激发学生的主体意识,发挥学生的主体作用,发掘学生的学习潜能,培养学生的学习能力,增强学生学习的责任感与合作精神,从而能够有效地提高教学质量,更好地完成教学任务。因此,在信息化教学中,应当借助现代化的教学手段充分激发学生学习的积极性,提高学生学习的自主性。

3.直观形象原则

学生的学习主要以学习间接经验为主,在教学过程中,要使信息化教学符合学生的心理特征,充分激发学生学习的兴趣和积极性。因此,在信息化教学过程中,就应当遵循直观形象的原则。

直观形象原则是指在信息化教学环境中为学习者创设一定的情境,并提供丰富的多媒体资源,同时通过教师给予指导、形象描述知识等教学活动来促使学生积极观察、主动探究,使学生对所学事物、过程形成清晰的表象,从而丰富自己的知识结构,提高运动技能。

信息化教学环境集多种媒体资源、各类教学设备、各种支持系统于一体,可以为直观形象原则的贯彻提供多样化的教学资源,帮助学生更好地学习运动知识,提高运动技能。

4.启发创造原则

启发创造原则是指教师在信息化教学过程中,要采取多样化的方式来支持学生的学习,最大限度地调动学生的积极性和自觉性。激发他们的创造性思维,从而使学生在融会贯通地掌握知识的同时,充分发展自己的创造能力。

启发创造原则是指在现代教育理念指导下教学与发展相互影响和相互促进规律的反映。信息化教学不仅要求教师向学生传授知识、技能和技巧,而且要求教学能够促进学生主动对知识进行意义建构,同时促进学生情感、态度、价值观的发展。教学与发展是相互依赖、相互促进的。教师在教学中要将学生视为学习的主体,设计多样化的教学活动,利用多媒体手段启发学生积极思考,促使他们自己提出问题、分析问题和解决问题。

启发创造原则还是信息化教学受制于信息化社会需要这一规律的具体体现。信息化补会发展的趋势,要求学校教育教学必须培养学生的信息素养、革新精神和创造能力。只有这样,学校所培养的人才才能适应未来瞬息万变的社会要求,才能以新的思维方式去捕获新的有价值的信息,也才能在未来的工作中敢想、敢为,为社会创造财富。目前,通过信息化教学发展学生的创造性思维,培养创造型人才已经成为世界各国教学改革的重心。

5.教师主导性与学生主体性相结合的原则

教师主导性与学生主体性相结合的原则主要是指在信息化教学过程中教师既要充分发挥自身的主导作用,又要充分调动学生的积极性与主动性,正确处理教与学的关系,把教师与学生的积极性都调动起来。

教师主导性与学生主体性相结合的原则应充分体现在强调学生是学习的主体,强调学生主体在教学中的积极作用,这是因为学生的学习是一种自觉的、能动的活动。即学生要想把教师提供的一切认识材料转化为自己的东西,就必须通过积极、自觉的思维去接受、理解、消化和运用。教师的主导作用和学生的主体作用是相互联系、相互促进的两个方面。二者只有紧密联系起来才能促进教学效益的发展和提高。

6.教学最优化原则

教学最优化原则,主要是指在现代教育理念的指导下.在信息化教学过程中,通过对教学系统中的各个要素进行系统化的设计,使得各要素优化组合,能够进行最优的教学,取得最优的教学效果。在信息化教学中,教师要设计多样化的教学方案,将教学过程中的各要素优化组合起来,充分激发学生学习的积极性,提高教学水平。

第二节　信息化教学设计研究

信息化教学是一种充分利用现代化教学媒体、现代教育技术而开展的双边活动。在体育教学中,体育教师利用信息化技术进行教学设计是一种提高教学质量和效果的有效手段。

一、体育信息化教学设计的概念与内容

(一)体育信息化教学设计的概念

体育信息化教学就是指在信息化环境中,教育者与学习者借助现代教育媒体、教育信息资源和教育技术方法所进行的双边活动。体育信息化教学的基本特点是:以信息技术为支撑;以现代教育教学理论为指导;强调新型教学模式的构建;教学内容具有更强的时代性和丰富性;教学更适合学生的学习需要和特点。在现代社会背景下,体育信息化教学是以现代信息技术为基础所引起的一系列改变,主要包括教学理念、教学手段与方法、教学模式等。

在体育教学中,信息化教学设计就是运用系统的方法,以学生为中心,充分利用现代化的信息技术和信息资源,科学地安排教学过程的各个要素,以实现体育教学过程的最优化效果。在体育信息化教学设计中,设计者应用信息技术构建信息化环境,能充分利用先进的信息化技术,为学生创设良好的学习环境和条件,促进学习水平的发展和提高。

(二)体育信息化教学设计的内容

一般来说,体育信息化教学设计的内容主要包括以下几个方面:

(1)学生身心特征与学习水平分析

(2)体育教学目标分析

(3)体育教学模式与教学策略的设计

(4)体育学习情境与体育学习任务的设计

(5)体育教学媒体设计

(6)体育教学资源的挖掘与开发

(7)体育教学评价的设计

(8)体育教学管理过程的设计

(9)体育教学过程与结构设计

二、体育信息化教学设计的基本模式

(一)分析体育教学目标

在体育教学体系中,教学目标至关重要,因此在体育教学设计的过程中,首先就要确定好体育教学目标。确定体育教学目标的目的是为了确定学生学习的主题,即与基本概念、基本原理、基本方法或基本过程有关的知识内容,对教学活动展开后需要达到的目标做出一个整体性的描述,主要包括学生所要掌握的运动知识与技能,具备的身心素质,创新的能力等。

(二)学习问题与学习情境设计

学生在体育学习的过程中会遇到各种各样的问题,学生需要通过解决具体情境中的真实问题来达到学习的目标,从而提高自己的学习能力和水平。因此,学习问题与学习情境的设计就显得非常重要,学习问题与学习情境的设计能为学生学习能力的提高提供良好的基础和保障。

(三)学习环境与学习资源的设计

在体育教学中,学习环境是学习资源和学习工具的组合,这种组合实际上旨在实现某种目标的有机整合。学习环境的设计主要表现为学习资源和学习工具的整合活动。在具体的设计过程中,设计者要考虑人际支持的实施方案,但需要注意的是,人际支持通常表现为一种观念而不是相关的法规制度。由于学习环境对学习活动起一种支撑作用,学习环境的设计必须在学习活动设计的基础上进行。不同的学习活动可能需要不同的学习资源和学习工具。设计者必须清醒地认识到这一点,在进行教学设计的过程中要综合各方面因素的考虑。

(四)体育教学活动过程的设计

相关调查与研究发现,学生学习的动力主要来源于其与学习环境的相互作用。在具体的学习活动中,学生认知与情感态度等的变化都应归因于这种相互作用。因此,学习活动的设计必须作为教学设计的核心设计内容来看待。学习活动可以是个体的,也可以是群体协作的,群体协作的学习活动表现为协作个体之间的学习活动的相互作用,学习活动的设计最终表现为学习任务的设计,通过规定学习者所要完成的任务目标、活动内容、活动策略和方法来引起学生认知和情感的变化,从而达到促进学生学习水平发展和提高的目的。

(五)体育信息化教学形式

在体育信息化教学过程中,教学设计的具体成果形式不仅仅是一篇传统意义上的教案,而且还包括各种各样的教学内容,如教学情境问题、教学活动设计规划、教学课件设计等。在具体的教学过程中,体育教师一定要规划和设计好这些内容,以促进教学效果的实现。

(六)体育教学设计单元

通常情况下,体育教学设计单元包主要包括以下内容:

(1)体育教学设计方案。

(2)多媒体体育教学课件

(3)学生作品范式

(4)体育教学参考资源。

(5)体育教学活动过程模板。

三、体育信息化教学设计应用的原则

在体育信息化教学中,决定教学质量的因素有很多,因此设计一个良好的教学过程是非常重要的,体育教师在进行体育教学设计时必须要遵循以下基本原则。

(一)培养学生的创造能力

在传统的体育教学活动中,学生是被动的学习接收者,受到的是灌输式的教育,体育信息化教学设计要改变这种传统教学模式,将教学的重心从教师的"教"转向学生的"学",将关注教师教学行为的设计转向关注学生学习活动的设计。在体育信息化教学中,教师是学生学习的促进者与帮助者,在整个教学活动中起着重要的指导作用;而学生则是学习的主体。在学习活动中能充分发挥自己的主动性,提高自我学习的意识与能力,因此这种教学方法有利于培养学生的创造能力,从而促进学生综合素质的发展和提高。

(二)加强体育学习环境的设计

学习环境是学习者利用资源生成意义并且解决问题的场所。在体育信息化教学设计中,必须要强调通过提供丰富的资源和学习工具,创设学习情境,构建学习共同体等环境因素,为学生有效地获取知识和技能、发展个性提供有效的支持。

在体育信息化教学环境中,学生通过资源工具的支持进行学习,不但能获得教师的帮助,而且还能与其他同学做好沟通与交流,提高与人交往的能力,这对于促进学生学习水平的发展和提高是非常有利的。

(三)注重体育教学情境的建设

学生的学习活动都是在一定的教学情境中进行的,因为只有在真实的学习环境中获得知识才能在现实生活中加以运用。为此,在体育教学中,学生通过创设真实的教学情境,不仅可以激发联想,提供记忆的线索,而且还能激发学生学习的积极性,获得知识和技能,这对于学生认识与实践水平的提高是非常有利的。

(四)注重协作学习

在整个体育教学过程中,协作学习始终贯彻整个过程。通过协商交流,学生与学生之间可以共享自己的思想与观点,全面地认识和理解各种问题。在具体的协作学习中,要想使他人理解自己的想法,就必须要有一个清晰的思路并且恰当地表达出自己的想法,这可以有效培养学生的语言表达能力,在这一学习过程中,提高自己的人际交往能力。

信息化教学中通常以小组或其他协作形式展开学习,小组中的每个成员均承担一定的任务,在学习的过程中,学生不仅要对自己的学习负责,还要关心和帮助他人,达到共同学习、共同提高的目的。

(五)注重体育学习过程的评价,建立多元化评价体系

传统体育教学活动的主要目的是实现教学目标,通过考试测验等手段来检验体育教学的成果。而在现代体育信息化教学中,教学结果评价只是其中的一个方面,学生学习过程的评价成为重要的内容,一般是将结果评价与过程评价充分结合起来进行。

通常情况下,体育信息化教学非常强调知识的建构,与传统教学中学生对知识的复制、回忆和再认的表现形式相比,信息化教学更加注重系统的整体性,主张建立一个多元化的评价体,这对于教学质量的提高具有重要的意义和作用。

第三节　现代信息技术在篮球教学中的应用

一、现代信息技术在篮球教学中应用的对策

(一)创设教学情境,激发学生学习的兴趣

大量的事实表明,兴趣能充分激发学生学习的欲望。在学习过程中,

学生对某种事物的兴趣越浓厚,其注意力就越高度集中,思维非常活跃,学习的热情高,能够充分发挥出潜在的学习和练习的积极性、主动性,从而呈现出最佳的学习状态。现代信息技术是集文字、图形、图像、声音、动画、影视等各种信息传输手段为一体,通过语言的描绘、图像的演示、动画的模拟、音乐的渲染等声画并茂的教学环境,为学生创设生动形象的教学气氛,能大大地激发学生的学习兴趣和学习热情。例如:在篮球教学过程中,教师可以播放"跟我学打篮球"的教学光盘,可以选择一些 NBA 篮球赛或经典投篮集锦光盘让学生欣赏,在欣赏高水平运动员篮球技能的同时提高学习的兴趣;在课件的制作过程中,能导入一些优秀运动员在比赛场上的精彩动作图片;把学生自己在篮球比赛中的情况拍成视频剪辑,导入到课件里,通过屏幕的播放,学生一边观看画面一边听教师的讲解,寻找差距等。这样就能充分激发学生学习篮球的兴趣,提高篮球学习的水平。

(二)扩大课堂教学的容量,提高教学的效率

在信息化教学中教师可以利用多媒体技术,进行高密度的知识传授、大信息量的优化处理可以大大提高课堂效率。图形不是语言,但比语言更直观形象,包容的信息量更大。动画又比图形更形象和生动,更容易激发学生学习的兴趣,提高教学质量。例如,在讲解篮球运动的起源时,通过图片展示、纪录片播放,让学生对篮球运动的发展历程有了一个全面的认识;讲解篮球局部进攻战术时.通过动画演示、视频剪辑等手段,直观地展现几种局部进攻战术的演练过程。在篮球裁判教学中,教师为了能让学生更加清晰地明白犯规的判罚,可以将一些犯规的视频剪辑下来,或将学生在比赛中的犯规行为录制下来,在课堂上一边进行播放,一边进行讲解,这样学生通过观看和听讲解,马上就一目了然了。这样就避免了重复劳动,节省了教师讲解、示范的时间,加快了教学的节奏,从而提高教学效率。

(三)利用信息化技术的直观教学手段

现代信息技术教学具有非常重要的直观性特点,在运用这一技术进

行教学的过程中可以将文字、图像、声音、形象逼真的动画、网络等综合在一起,能做到图文并茂、动静结合、视听并用,可以将一些难度大或较复杂的动作通过播放慢动作和正常动作让学生看清楚、听清楚,有利于创设良好的教学情境,帮助学生建立直观而清晰的动作表象,从而掌握运动技能。例如,在讲解篮球技术分析时,通过多媒体技术教学将篮球技术动作结构、动作要领通过图片、视频等方式直观地展现给学生,并结合优秀运动员有关篮球技术动作的录像和学生在学习过程中被拍摄的技术动作的录像,通过对比分析有利于学生更加直观地理解动作概念,加快对技术动作的掌握;在讲解竞赛规则与裁判法分析时,裁判员的各种执法手势以图片形式通过大屏幕展现给学生,给学生以有观的印象,学生可进行模仿学习,掌握知识与技能。

(四)突出重点、要点

现代信息技术具有分层展示的功能,运用音频、视频分层等展示篮球技术,使学生学习重点、要点更加突出,掌握技术也就更快。例如,把NBA、CBA、CUBA 等比赛视频下载下来,进行技术处理,将技术和战术分类处理,分层展亦,就更有针对性;也可以根据物理学原理,对技术动作进行直观形象地分析,如对运球、传球和投篮间的相互关系的分析,可集中对运球技术进行分析,也可对某一个动作的一个用力现象进行力学分析、分解动作结构,纠正学生不会用力或用力不正确的现象;如讲解投篮时力度的大小出手、度等用图表等形式在课件中体现出来,结合抛物线的知识使学生看清楚动作细节,更加深刻地认识动作的要领和运动规律,更快地完成学习任务。

此外,由于受年龄、教学条件等因素的影响,教师往往会回避那些难以示范(如扣篮、空接等)的动作,这样就影响了学生的全面发展。因此,运用现代信息技术以解决这一难题,可以帮助学生建立难度动作的概念,提高运动技能。

二、常用软件在篮球教学中的运用

目前,在篮球教学训练过程中,篮球软件较多.并且各有各的优缺点。其中较常用的软件有:Basketball Playbook 软件,篮球技术 Gif 动画软件,Basketball Blueprint Version 软件,Sports Code 软件等。受篇幅所限,下面主要讲解前两种软件在篮球教学中的应用。

(一)Basketball Playbook

Basketball Playbook 是一个非常实用、便捷的篮球战术软件.可以让你在一两分钟内完成一副战术图的绘制,战术图可以存为.ebp 格式,也可以存储为.jpg 格式或者.bmp 格式,并且它支持动画模拟,可以用动画的方式形象地展示出队员的配合路线、行动顺序等,是目前比较常用的一种软件。

1.界面介绍

球员项(Player)的第一排圆形图标代表进攻球员,可以用左键将图标拖到需要的位置。第二排二角形图标代表防守球员,1 到 5 号位分别为 PG、SG、SF、PF、C。第三排为器材,比如球(黑色圆点为球),训练用的路障、篮框等。第四排画线工具同画图板。其中,实线代表球员空手跑位,虚线代表传球路线,曲线代表运球走的路线。

场地项(Court)里包括半场的图形、全场的图形、进攻的图形、防守的图形等,教师或教练员可以根据需要选择适当的场地图。

2.制作过程

厕线后的修改,如果需要改线条颜色,右键单击需要修改的线条,从弹出的对话框中选择所需的颜色。删除的话有 Delete 和 Removal,分别是删除所选和全部删除。如果注释写错了需要修改,则点击右键,在对话框内重新输入正确的内容(输入空白就是删除了)。画好图之后若需要配有文字说明,则点开 EditText 就可以编辑你的说明,界面一目了然,每个战术都会有相当多的变化,需要多幅图来说明不同的变化,那么点击 Add sequence 就可以换一页继续画,画出的不同场景会自动生成动画。

(二)篮球技战术 GIF 动画

1. GIF 动画概述

GIF 动画的形成是由连续显示数张图片所造的视觉效果,其原理与卡通影片是一样的。GIF 动画能增加网页的动态效果,吸引学生的目光,提高学生学习的积极性和兴趣。

在国外,世界篮球协会的教练员网络图书馆、NBA 等篮球知名网站都利用网络动画的形式,来介绍相关的篮球战术。其采用 Flash 动画或其他相关软件来制作篮球动画,这对提高教练员理解与运用战术,篮球爱好者提高战术素养,篮球水平的全球传播等方面都能起到积极的作用。

从制作方式来说,GIF 的制作大致分为两种:一种是通过视频转化的 GIF 图片。如一张图显示科比突破的全过程。它突破了图片都是静态的范畴,适合于 Web 传播。另一种是通过相关软件制作的。制作软件大致分两种:图片制作软件和专门的 GIF 动画制作软件。目前来说制作 GIF 动画的软件很多,比较典型常用的有 Ulead 的 GIF Animator,Micromedia 的 Fireworks,Adobe 的 ImageReady。GIF 格式动画的制作需要注意图片、帧速、效果三个要素。下面以 Ulead 的 GIF Animator 为例,讲解制作篮球技战术的 GIF 动画过程。

2. 制作过程

(1)获取录像,大部分的比赛赛后在网上都可以找到下载的资源,但有时比赛较为生僻或者自己需要更快拿到视频时,便可以尝试自己来录制比赛。可以通过网络电视及"百宝录像机"等相关软件进行相关视频的录制。

(2)制作 GIF。

①截图播放器设置:右键点击播放器,把选项里的高级菜单选项勾上;打开视频文件,右键点击播放器的"捕获"中的"画面:高级捕获"选项。视频在播放的同时,按开始捕捉截图,按结束停止捕捉,捕捉的图片放置在自己所设置的位置。

②使用 Ulead GIf 制作 GIF。点击新建,建立新的 GIF;再点击添加

文件中的"添加图像"选项,找到之前截取图片的存储目录,选定所需要的图片,打开;现在将所添加的图像分配到帧,点击所添加图片的最上面的第一张图片,然后按住 shift 键,下拉至图片最下面,再点击最下面的图片,松开 shift 键,选定所有的图片,右键点击,选择"分配到帧";所有的制作工作准备就绪后,可以按"预览"来预览 GIF 动网,如果没有问题,按文件中的"另存为"选项将其存为 GIF 动态格式。

③GIF 的优化。如果想把一次完整的阵地进攻或阵地防守清晰地展现给大家,通常制作出来的 GIF 会比较大。所以,很多时候进行必要的精简也是非常重要的。除了减少帧数和每帧的尺寸之外,Ulead GIF 还提供了一个"优化"功能。将图片导入以后,点击红色的"优化"选项,根据需要选取下拉菜单中的选项,就可以对 GIF 进行优化。需要说明的是选择压缩后文件的数值越小,生成的 GIF 也就越小,图像就越不清晰。因此,在选取数值大小的时候,还应综合考虑。

第四节　信息技术支持下
高校篮球课程教学探究学习研究

一、探究学习概述

(一)探究学习的环节

1.探究问题的生成与确定

在体育教学过程中,教师通过引导、启发等方式,利用多种教学手段创设特定的问题情境,激发学生学习的兴趣,发现问题并提出探究的问题。探究的问题应该是与学生息息相关的学生感兴趣的,或亟待解决的事件。

2.探究方案的设计

教师指导学生进行人员分工,说明探究过程和规则,并提供必要的探究工具。学生可以根据已有的知识、经验做出比较合理的猜想、假设,并设计探究思路和方案。

3.探究方案的实施与开展

学生根据所设计的探究方案,进行分析、调查、实验、访问、考察等各种探究活动,获取、整理、分析数据和资料,解释探究得到的结果,验证假设。

4.探究结论的交流与评价

将得到的探究结果通过分析、综合得出自己的探究结论,探究结论可以通过实验报告、访谈报告、调查报告、电子作品等各种形式展示,学生对自己的探究结论进行小结、陈述和评价反思,并提出意见,然后教师做总结性发言。

(二)探究学习的类型与特征

1.探究学习的类型

一般情况下,根据不同的分类依据可将探究学习分为以下几种不同的类型:

(1)理论探究与实验探究

根据探究内容的不同,可将探究学习分为理论探究与实验探究两种形式。理论探究是从低级的概念发展到高级的概念,从已知的理论发展到未知的理论,是通过观察"观念性客体"的特征,再经过思维加工,而获得新的认识。精心设计特例是成功的关键,所谓特例就是体现"观念性客体"的典型事例,或者说是隐含着客观事物新的本质特征的典型事例。

这就要求教师认真研究新旧知识的内在联系,帮助学生在自己的认知结构上,为新知识找准适当的固定点。

实验探究是指在体育教师的指导下,学生通过实验观测,在丰富的感性材料的基础上归纳出新的要领或规律。

总之,理论探究和实验探究之间是相辅相成的关系,在实验探究中有理论思辨的成分和理论探究的要素;而在理论探究中也有实验操作的成分和实验探究的要素,因此不能将二者割裂开来。

（2）传统教学环境的探究和信息技术支持的探究

根据探究环境的不同，可将探究学习分为传统教学环境的探究与信息技术支持的探究，传统教学环境的探究学习是指借助传统教学媒体和传统教学资源进行的探究活动。

我们所说的信息技术支持的探究学习是相对于传统教学环境下的探究学习而言的，是指借助现代教学媒体和信息化教学资源进行的探究活动。当然，信息技术支持的探究学习在借助现代教学媒体和信息化教学资源的同时，并不完全排斥对传统教学媒体的利用，实际上，将二者结合运用能收到意想不到的教学效果。

（3）接受式探究和发现式探究

一般情况下根据自主获取信息的程度的不同将探究学习分为接受式探究和发现式探究。接受式探究是学生通过各种途径搜集现成的信息资料，通过整理获得问题的答案。其中的信息资料由学生主动从现有资料中直接搜集或向有关人士直接询问，所搜集到的信息是现成的，只需略加整理即可。

发现式探究是学生在探究问题答案的过程中，不能直接获得现成的信息资料，需要通过观察、分析、调查、研讨等活动，得到相关的资料和数据，经过科学的处理和加工，从而获得问题的答案。

（4）部分探究和全部探究

一般来说，根据探究活动中探究成分所占的比例，将探究学习分为部分探究和全部探究。

众所周知，探究学习的基本特征分别是从问题、证据、解释、评价和交流等方面归纳体现的。如果学生的探究活动在这几个方面都是独立自主地完成的，我们就说是全部探究；如果只是参与了其中某一部分或某几部分，我们就说是部分探究。

例如，当体育教师没有使学生投入对问题的思考中，而是给学生一个特定的问题，那么探究学习的第一个基本特征就缺失了，这种探究就是部分探究。同样，如果教师选择演示某些物质在化学反应中的作用，而不是让学生探究它的作品以及形成他们自己的解释,那么就缺少了探究学习的第三个基本特征,也是部分探究。只有具备探究学习所有的五个基本特征才能称为全部探究。当然,全部探究是探究学习的最理想水平,学生只有通过多次的、循序渐进的部分探究才有可能达到全部探究的水平。

2.探究学习的特征

(1)学习者围绕科学性问题展开探究活动

所谓科学性问题是针对客观世界中的物体、生物体和事件提出的,问题要与学生必学的科学概念相联系,并且能够引发他们进行科学研究,促使他们收集数据和利用数据对科学现象作出解释的活动。在课堂上对学生提出的有意义的、有针对性的问题,能够丰富学生的探究活动,但是这些问题不能是深不可测的,必须是能够通过学生的观察和从可靠的渠道获得的科学知识来解决。

(2)学习者获取可以帮助他们解释和评价科学性问题的证据

科学家在实验中通过观察测量获得实验证据。在课堂探究活动中,学生也需要运用证据对科学现象做出解释。例如,学生对动植物、岩石进行观察并详细记录它们的特征;对温度、距离、时间进行测量并仔细记录数据;对化学反应和月相进行观测并绘制图表说明它们的变化情况。同时学生也可以从教师、教材、网络等众多途径对探究活动进行有益的补充。

(3)学习者要根据事实证据形成解释,科学问答问题

科学解释是借助于推理提出现象或结果产生的原因,并在证据和逻辑论证的基础上建立各种各样的联系。解释是将所观察到的与已有知识联系起来学习新知识的方法。因此,解释要超越现有的知识,提出新的见解。

(4)学习者通过比较推出其他可能的解释

评价解释,并且对解释进行修正,甚至是抛弃,是科学探究有别于其他探究形式及其解释的一个特征。评价解释时,可以提出这样的问题:有关的证据是否支持提出的解释?这个解释是否足以回答提出的问题?从

证据到解释的推理过程是否明显存在某些偏见或缺陷？从相关的证据中是否还能推论出其他合理的解释？

核查不同的解释就要求学生参与讨论，比较各自的结果，或者与教师、教材提供的结论相比较以检查自己提出的结论是否正确，最终应使学生在自己的结论与适合他们发展水平的科学知识之间建立联系。也就是说，学生的解释最后应与当前广泛为人们所承认的科学知识相一致。

二、信息技术支持下篮球探究学习的原则

（一）以学生为主体的主体性原则

在篮球教学中，体育教师要根据学生的身心特点和个性正确处理教学主体与客体的关系，促进学生主体的发展。同时，要以学生为中心来设计学习活动，设计适合学生身心特点的学习活动，以此打破教学客体中心（如教材中心、课堂中心、教师中心、考试中心等），使教学中心从教师客体向学生主体转移，把教学从"选拔适合教育的学生"转变到"造就适合学生的教育"上来。教师要为学生创设自由讨论的气氛，设置听取意见的场合，调动学生的学习积极性和主动性，保证学生自主探究活动的顺利进行。

（二）以教师为主导的指导性原则

探究学习活动的一个重要特征就是创设一个特定的学习情境，让学生经过探索后亲自去发现和领悟它们，这就要求教师改变传统的教学方式，把重点放在创设情境、引起和激励学生的探究和发现上。但这绝不意味着教师的指导作用因此而有所降低，甚至无足轻重，而完全任由学生去独自探究。应该特别强调教师适时地、必要地、谨慎地、有效地指导。以追求真正从探究中有所收获，包括增进学生对世界的认识和提升学生的探究素质，从而使学生的探究能力得到不断的提高和完善。虽然在探究过程中学生会遇到挫折、走弯路甚至失败，但是具有重要的教育价值，所以教师要适时给予适当的帮助、引导，以帮助学生建立探究学习的信心。

事实上,学生探究能力的形成是一个循序渐进的过程,从自发的行为到采取有条理的态度,从漫无目的地发问到有选择性地提出问题,从单一地依赖感官到使用多种。从毫无规则的观察到更为合理、井然有序的研究,从单纯迷恋到精确严谨,从无意吸引到快乐地学习知识。无论哪个阶段或水平的探究,学生那不可能一开始就能独立从事探究性学习,都需要在教师的指导下进行。

(三)科学探究的求实性原则

求实性原则是指用来开展探究学习的问题必须反映学生的现实生活和社会实际,是发生在学生身边的问题和社会现象中的问题,而不是脱离学生生活实际的纯学术上的问题。体育教师可以在设计课程时,对学生感兴趣的问题进行调查统计和分析,以此作为选择探究主题和安排主题顺序的基础之一;也可以留出一些"自由探究时间"供学生探究他们自主提出的问题;也可以根据学生的即时兴趣做出适当的调整。那种脱离学生实际进行抽象技能训练的做法只会压抑学生的探索精神,脱离学生的问题和社会环境的探究学习,实则是枯燥无味的"智力游戏",使许多学生望而生畏,丧失了探究学习的兴趣和热情,根本谈不上科学探究精神的培养。

(四)科学素养的侧重性原则

教师在指导学生探究时,不必追求科学家探究的水平,不能像研究生导师指导学生时所强调和所关注的方面看齐,在探究学习的操作方法及操作技能上不必要求过高,况且这不是教师指导学生开展探究活动的重点,当然也不能满足于学生自发探究的水平,而应当着眼于学生"基本科学素养"的提高。在具体的信息化教学过程中,体育教师应把重点应放在以下四个方面:

第一,通过探究满足学生的求知欲。

第二,通过探究获得对大千世界的理解。

第三,通过探究培养科学思维能力、锻炼解决问题的能力、合作与交流能力、培养科学精神态度.初步习得科学探究方法。

第四,通过探究逐步获得对科学探究本身及科学本质的理解。

这里尤其要注意引导学生通过直接参与探究过程,并通过自己的反省与思考,从亲身体验中获得对探究活动的深刻认识,以及深刻理解探究是怎样促进科学发现的、人类已有的知识是如何获得的、人类是如何一步步加深对这个世界的认识的等一系列与科学的本质有关的问题。

(五)因材施教的差异性原则

探究活动应该在尊重学生个性差异的基础上注重因材施教.培养学生的创新能力。并非只有成绩优秀的学生才有能力开展探究,应该给每一个学生参与探究的机会。尤其是那些在班级或小组中较少发言的学生,应给予他们特别的关照和积极的鼓励,使他们有机会、有信心参与到探究中来。

在具体的教学过程中,教师要注意观察学生的行为,防止部分优秀学生控制和把持局面,要注意引导每一个学生都对探究活动有所贡献,让每一个学生都分享和承担探究的权利和义务。

(六)相互倾听的协作性原则

探究过程中学生需要相互协作,这些协作与交流的实践和经验,可以帮助学生学会与他人交流、向别人解释自己的想法、倾听别人的想法、善待批评,以审视自己的观点获得更正确的认识,学会相互接纳、赞赏、分享、互助等。

在整个探究过程中,由于经验背景的差异,探究者对问题的理解常常各异,这种差异本身便构成了一种宝贵的学习资源。这是因为:

(1)在相互倾听中,学生可以明白对同一问题别人会有其他的不同解释,有利于他们摆脱自我中心的思维倾向。

(2)在协作、相互表达与倾听中,学生各自的想法、思路被明晰化、外显化,可以更好地对自己的理解和思维过程进行审视和监控。

(3)在讨论中,学生之间相互质疑,其观点的对立及相互指出对方的逻辑矛盾,可以更好地引发探究者的认知冲突和自我反思,深化各自的认识。

(4)学生之间的交流、争议、意见等有助于激起彼此的灵感,促进彼此建构出新的假设和更深层的理解。

(5)探究中的协作、分享与交流可以使学生贡献自己的经验和发挥自己的优势,完成独立探究难以完成的复杂任务。

因此,研讨、交流、彼此表达与相互倾听是探究学习中非常重要的活动。

(七)评价方式的多元化原则

在信息化教学中,探究性学习提倡多元、全面的评价体系。客观、准确地评价学生的学习效果,培养学生的反省能力和自我调控能力,提高学生的探究水平。

从评价方法来看,学生的探究水平往往难以通过纸笔测验来加以评价,而宜采用档案袋评价、量规评价、契约评价等不同方法,自评和互评相结合,或根据学生在探究任务完成中的实际表现来加以评价。

从评价的内容来看,重点应放在学生探究过程中表现出来的对探究过程和方法的理解、对探究本质的把握,不能把是否探究出结论或结论是否正确作为唯一或最主要的评价指标。

第七章 体育强国背景下的高校篮球教学发展

第一节 体育强国的时代背景与要求

一、体育强国的时代背景

体育强国属于一种定性评价,其概念是相对于其他国家体育发展实力而言的。体育强国建设受到多方面因素的影响,如国家体育发展水平、民族体育开发程度,以及国家在国际竞赛中的地位、在国际体育事务中的影响力等。具体来说,体育强国是建立在竞技体育的国际竞争实力、大众体育发展水平、体育产业化发展程度之上的,以体育科技、体育教育、体育法制、体育文化等为辅的评价标准,并依此标准构建具有国际影响力的体育强国实施过程。在建设体育强国进程中,不仅要重视竞技体育、大众体育的发展,也决不能忽视体育教育的变革。与此同时,还要立足于我国体育资源现状和广大人民的需求,在多个关键方面处于世界领先地位,达到国际公认的较高水平。我国作为一个多民族国家,体育强国建设必须坚持现代竞技体育与体育教育协调发展,不可顾此失彼。

无论何种战略措施都无法与特定的时代背景分离,都必须与时代发展相适应,在此基础上系统谋划,以形成内部各要素相协调、有全局性和前瞻性的战略构想。体育强国建设是一项关乎国家综合实力提升的战略工程,我国由体育大国向体育强国的转变处于何种时代背景,面临着何种时代要求,是我们在探讨篮球教学发展之前必须深入思考的问题。

百年风雨中,我国从新民主主义革命过渡到社会主义革命,从革命战争时期发展到社会主义建设时期,从计划经济体制过渡到社会主义市场经济体制。随着我国综合实力的显著增强以及人民生活水平日益提高,我国体育发展也突飞猛进,逐步与国际体坛接轨,体育基础设施不断完善,国民体质显著提升,国际影响力不断增强。国运强盛则体育兴,体育兴则民族强。体育命运必然要以国家命运为支撑,但体育命运也是影响国家发展的一个核心因素。体育事业必须全面融入我国全面发展战略计划中,唯此才能得到更大的发展动力,才能拥有更为广阔的发展空间。

当今的时代,是一个工业化、信息化、城镇化、市场化、全球化相互交织,经济建设、文明建设、社会建设、生态建设全面推进的新时代,我国面临着更为艰巨的改革任务与对外开放要求,全国人民正在为新时代中国特色社会主义的伟大胜利而艰苦奋斗。从国际角度来审视,世界诸国的发展速度都在不断提升,国际环境更为复杂,多极化与全球化纵深推进,信息技术突飞猛进,意识形态交织与交锋更为显著,国际竞争日益激烈,国际环境与发展形势对各国的影响不断增强。在复杂而激烈的国际形势下,我国各个领域的发展都面临着巨大挑战。

随着全球化和信息化进程的加快,国际体育强国之间的竞争也日趋激烈,这些国家普遍重视大众体育、竞技体育、体育产业的发展,并且积极推行全民健身计划,既关注社会大众的体育权益,也大力发展本国的竞技体育,把在国际竞赛中所获优异成绩当作重点目标。与此同时,体育在营销中的重要性愈发凸显,国际优质赛事资源深受追捧,体育商业化、职业化、市场化程度大幅提高,一些职业化的体育联盟、体育俱乐部发展迅猛,并在全球化浪潮中寻求更大的发展空间。简而言之,体育在体育发达国家中已成为增强政治影响、传播文化影响的一种重要手段,体育与经济、政治、文化、社会等各种建设之间的联系日益紧密,而且体育也关系到人的全面发展。进入新世纪后,我国的体育实力显著增强,在国际大型赛事上多次获得优异成绩,在国际体坛的影响力今非昔比。尽管如此,我们也要深刻认识到,西方发达国家仍然是当今世界体坛的控制者,在我国体育强国战略推进过程中,我国体育在全面融入国际体育发展的同时,将与体育发达国家之间展开激烈竞争,我们面临的体育发展任务更为艰巨。因此,在我国全面深化改革的发展背景下,体育强国建设势在必行。

二、体育强国的时代要求

纵观当代社会,国际形势、我国国情、体育发展状况都出现了新变化,这些新变化为我们带来了前所未有的机遇和挑战,全面而深入地认识我国体育强国建设的时代背景,并且明确在新的时代背景下我国体育发展面临着怎样的时代要求,是我们进行体育强国战略布局必须首先解决的问题。

(一)全面推进健康中国与和谐中国建设

国民体质的提高,不仅是健康中国建设的必要基础,同时也是我国未来发展永葆青春的源泉。在全面建成小康社会的决胜期和实现中华民族伟大复兴中国梦的关键期,我国面临着艰巨的建设任务与发展任务。在知识经济时代,人才竞争日益激烈,要成为具有价值的人才,既要掌握专业知识与技能,也要有良好的身体素质,而后者是人才得以发挥效力的关键保障。在体育强国建设中,我们要立足于促进广大人民群众体质健康的基本需求,积极发展群众体育,推动体育的大众化发展,构建全面覆盖、切实有效的全民健身服务体系,尤其是要保障广大人民群众的体育权益,顺应时代需求,通过全民健身提高国民素质,为中国的发展提供能量。除此之外,建设和谐中国,也是中国特色社会主义建设的一项重要内容。和谐中国、和谐社会是中国特色社会主义建设的宏观目标,具体到作为个体的人,和谐中国就是要实现人的身心和谐与人际和谐,这是家庭和睦、社会美好、国家兴旺的基础。体育锻炼有着突出的健身价值,在强健筋骨、调节心智方面意义重大,同时也是人们进行人际交往、接触社会的载体和平台。基于建设和谐家庭、和谐社会、和谐国家的不同需求,我们要大力发展全面覆盖城乡的大众体育,为广大人民群众体育活动的开展提供场地、设施、器材等各个方面的支持,引导和鼓励广大人民群众建立积极健康的生活方式,以此推动和谐中国建设。

(二)保障中国经济发展,推进和谐世界建设

社会经济健康发展是解决我国各种社会矛盾和应对国内外挑战的前提。在经济全球化的发展浪潮中,要提高我国的国际地位,就必须大力推进经济发展,增强经济实力。在当前时代背景下,加快体育强国建设,就必须加快体育发展,促进体育的市场化运营。要调动全社会的力量,整合国内外体育资源,综合利用国内外两个市场,积极发展健身娱乐产业、竞赛表演产业,推进体育的产业化发展,以形成包括体育传媒、体育旅游、体育用品、体育建筑等在内的特色产业,彰显体育在促进经济发展、调整产业结构、增加就业等方面的价值,使体育成为我国经济发展的推动器。

中国崛起是影响世界格局的重大事件。进入新世纪后,我国综合实力与国际地位的提高表明,中国崛起也就是世界和平的崛起,中国崛起是推进和谐世界建设的一股强力。体育也是一种世界语言,国际竞赛是体育运动的竞技,也是综合国力和国家“软实力”的较量。改革开放之后,中国体育在国际体育赛事中屡次获得优异成绩,向世人展现了中国和平崛起的新形象。在未来发展中,中国综合国力将逐步增强,中国体育更要放眼世界,不断扩大国际间的体育文化交流,向全世界人民展示自己的体育水平,并有效发挥体育在维护世界和平、构建国家友好关系中的积极作用,使中国体育成为和谐世界建设的推动力量。

(三)为中国发展提供动力

中国梦的实现必然要立足于实践基础,而建设中国特色社会主义的实践则离不开伟大精神的指引与激励,伟大精神并非凭空产生,而是来源于现实生活中的鲜明素材。在中国体育发展和走向世界的过程中,英雄人物和英雄事迹不断涌现,为人们提供了无限的精神力量,也为中国发展提供了精神动力。“人生能有几回搏”“冲出亚洲,走向世界”,这些带有时代色彩的口号,都是中国体育留给全体中国人民的精神财富。在实现中国梦的路上,中国体育是彰显国力和民族精神的重要载体,因而要大力弘扬为国争光、顽强拼搏、团结协作的中国体育精神,坚持传承北京奥运精

神,通过体育发展带动经济、文化的发展,形成具有中国特色的体育经济与体育文化,将中国建设成真正的体育强国。

第二节　体育强国的目标诠释与战略价值

随着我国综合实力的不断增强,中国梦已成为全国各族人民的共同愿望,中国梦的实现也包含体育梦的实现。体育强国建设是实现中国梦的一个重要环节,是中国梦不可或缺的组成部分。体育强国战略是立足于我国体育发展的需要,展望未来发展而提出的,在关注现实的同时为我国体育确立了科学的发展目标。体育强国梦的实现能对中国梦的实现产生强大的推动力量,其战略价值至关重要。

一、体育强国目标诠释

在我国体育发展史上,北京奥运会的成功举办是具有划时代意义的。我国体育运动员获得了优异成绩,这标志着我国竞技体育达到了新的高度。我国已发展成为竞技体育大国,这是世界各国公认的,但我国的大众体育、体育产业、体育科技、体育教育仍然处于不断探索和与提高阶段。体育强国建设在关注竞技体育发展的同时,也要全面推进大众体育、体育产业、体育科技以及体育教育的发展,从而增强中国体育的综合实力与影响力,这正是体育强国建设的战略目标。

(一)探索特色体育发展道路,培养大众体育工作体系

体育现代化是中国特色社会主义现代化的应有之义,是促进中国综合实力提升的重大实践。体育强国建设,就是要在全面总结中国体育事业发展经验的基础上,不断完善体育管理体制,充分发挥政府的主导作用;建立完善的多方参与的体育运行机制,其参与主体包括社会组织、市场组织以及广大人民群众;构建政府支持和保障下的公共体育服务体系,优化旨在提升竞技体育发展水平的"举国体制",完善体育产业发展机制,推动体育经济的发展。总之,要从各个方面着手,探索中国特色体育发展

道路,为世界体育发展提供中国经验和推动力量。大众体育是体育强国建设的一项关键内容,是关乎广大人民群众的工作。要实现体育强国战略目标,就必须构建全面覆盖城乡的全民健身服务体系,更好地满足人民群众的体育需求。同时,要加大政府对群众体育的投入力度,增强群众体育的组织化程度,增大人均占有体育场地面积,关注社会体育指导员培养,促使体育活动成为最广大人民群众的健身方式和休闲娱乐途径。

(二)建设竞技体育发展新格局,打造全新中国体育产业

建设均衡发展、特色突出的竞技体育发展新格局,就是要优化竞技体育的"举国体制",充分整合国内外市场资源,为竞技体育的发展奠定坚实的项目基础与人才保障;继续保持已有优势体育项目,逐步发展潜在的优势项目,重点支持田径运动和"大球"的发展;在国际赛事上获得的奖牌数量和总分保持在世界领先位置,足球运动技术水平显著提升,持续获得国际重大赛事的参赛权,排球与篮球保持世界先进水平;提升我国体育的职业化发展水平;培养具有国际水平的体育品牌赛事,提高中国体育的国际影响力。在我国深化改革与扩大开放的进程中,要切实为体育产业的发展提供强有力的制度保障,维护运动项目产业在体育产业发展中的基础性地位,围绕城市、青少年群体以及中产阶层,构建全面覆盖、档次不同的群众健身娱乐市场,开拓包括职业联赛、商业性竞赛、表演性竞赛在内的中国体育竞赛市场,推动体育会展、体育文化、体育旅游、体育传媒、体育装备制造等体育产业各领域的发展。全面打造门类全、实力强、影响力大的中国体育产业,推动体育产业增加值占 GDP 的比重持续增长,促使体育产业吸纳更多的就业人数,增强其经济效益。在体育产业的各个领域内,要着力于打造一个综合实力强、国际影响力大的体育企业集团,全面打造体育赛事品牌、体育产品品牌,积极发展体育服务贸易,提升中国体育体育产业的国际竞争力。

(三)弘扬中华体育文化,提升体育国际影响力

纵观当下,国际体育强国间的竞争既是竞技体育上的竞争,也体育文

化影响力上的竞争。所以,在体育强国建设中,我们应积极弘扬体育运动项目文化,大力推进体育文化建设,从文化层面出发保证运动项目的科学化发展。同时,还要发掘、整合中华民族传统体育文化,使传统体育文化融入到现代文明发展潮流中,在保持民族性的基础上体现时代特色。在全球化时代,要促进中华体育文化的传播,还应重视中华体育文化的国际交流,使中华体育文化走向全世界,依托先进的媒体平台传播民族传统体育文化资源,以增强中华体育文化在全世界范围内的影响力。要建成体育强国就要保证本国体育能对国际体育事务产生影响力和控制力,其中,控制力更能体现本国体育对国际体育事务的影响。全面提升中国体育在国际社会中的影响力,就必须在国际体坛树立一个讲求信誉、勇于担当的大国形象,始终坚持相互尊重、平等协商、维护多样性的处理国际体育事务的基本原则,要共享发展机遇,共同应对体育事业发展面临的挑战。与此同时,深入与其他发展中国家的体育合作,尽己所能为发展中国家的体育发展提供援助,同发展中国家共同承担起维护自身权益的责任,保障本国在国际体坛的共同利益,避免正当要求遭到破坏。在多边国际体育事务中,要勇于承担国际义务,维护公平,使国际体坛更好地发展。

二、体育强国的战略价值

(一)能够有效推动实现强体梦

强体梦指的是中国体育事业的强大与国民体质健康水平的整体强大。中国梦既要实现国富民强,也要实现人民幸福。而人民幸福恰恰建立在健康体魄之上,如果失去强健体魄的支撑,人民幸福就会成为空谈。所以,要实现人民幸福,就必须以健康体魄为基础,提高国民体质健康水平,使人们能够充分享受社会主义现代化建设所带来的成果。现阶段,我国国民体质健康状况堪忧,大学生群体的体质健康水平日渐下滑,这已受到党和政府的密切关注,如广泛开展终身体育运动。高校体育设施日趋完善,城乡学校体育均等化发展也在逐渐推进,大学生体质健康状况有所好转。但是,大学生群体的体质健康仍未达到应有的水平。面对这一现状,体育强国建设能彰显体育的地位和价值,能通过体育设施完善和体育观念的转变营造全民健康的良好氛围,激发人们参与体育运动的热情,提升人们对自身体质健康状况的重视程度。同时,体育强国建设有助于推动高校体育发展方式的转变,使高校体育走上更加科学的发展道路,为大学生体质健康提供保障。

(二)能够有效发挥体育的多元价值

体育作为物质文化生活的重要组成部分,具有多元功能与价值。体育在强健体魄方面有不可替代的价值,同时也能推动政治、经济、文化、教育等多领域的发展。体育在社会发展中处于基础性地位,体育的发展能为社会发展提供力量源泉,能促进社会生产力的提升。现如今,体育的发展仍未完全满足人民对体育的需求,因而要通过体育强国建设保证体育事业发展与人民体育需求相契合。我国竞技体育已达到了前所未有的发展高度,竞技体育成绩卓著,但竞技体育实力的强盛并不意味着体育强国战略目标的实现。体育强国建设,既要追求竞技体育的发展高度,也要重视大众体育的发展,二者缺一不可。换言之,大众体育发展滞后,体育强国建设将无法成为现实。所以,体育强国既表现为竞技体育的强盛,也表现为大众体育的强盛,体育强国建设包含多重价值,如政治价值、经济价值、文化效应等。在体育强国建设中,要充分利用社会各界力量,推动体育经济、体育文化的发展,使体育融入各个领域,以彰显自身价值,满足广大人民群众的体育需求。

(三)能够有效提高体育事业发展

体育是一项综合性事业,所以体育事业的发展应是整体性的。在体育事业发展过程中,竞技体育的发展势头尤为强盛,在国际大型体育赛事中的成绩相当瞩目;学校体育也备受重视,发展迅速;但大众体育仍是体育强国建设的一个问题,体育产业的发展也不容乐观。体育产业的发展是全面提升国民体质健康水平的必然要求,有助于更好地满足广大人民群众多元化的体育需求,有助于提升人民生活质量,有助于增加就业,带动经济发展,也能通过发掘和传承体育文化弘扬民族精神,增强文化竞争力。要实现体育强国战略目标,我国体育事业发展就必须解决多种难题,尤其是阻碍体育事业发展的深层矛盾。在当前发展形势下,体育强国战略目标为我国体育的发展指明了方向,能从根本上扭转体育发展的不利局面,从而真正解决影响体育事业发展的矛盾和问题。体育强国建设,既能为体育事业的发展提供力量支持,也能为大众体育、学校体育以及体育产业的发展营造优良的发展环境,由此推动体育事业的顺利发展。

(四)能够推进实现强国战略目标

从宏观角度看,实现中国梦就是要实现强国梦,即国家富强,体育强国梦则是强国梦的一项具体内容,因而体育强国建设既是实现强国梦的必要方面,也是实现强国梦的推动力量。体育强国建设,是我国整体战略布局的重要构成,是从中华民族伟大复兴的战略高度上提出的。中国梦以国家富强、民族振兴、人民幸福为核心,三者一脉相承,国家富强是民族振兴与人民幸福的基础。当前,我国已进入全面建成小康社会的决胜期,中国特色社会主义现代化建设水平显著提高,全国各族人民、各行各业都积极投身于社会主义建设事业中,为增强综合国力和国际竞争力而贡献力量。中国崛起意味着大国崛起,大国崛起必然要涵盖社会各个领域的发展,体育事业的发展就是其中一项不容忽视的重要内容。体育事业的发展与国家整体战略布局相联系,同国际竞争力的提升密不可分。在体育强国战略指导下,大力发展体育事业,既能推动社会主义现代化强国建设和国际地位的提升,也是我国强国战略的一项基本要求。

三、体育强国建设的基本路径

(一)推进体育特色化发展,全面发展大众体育

要实现体育强国战略目标,就必须探索一条科学的体育发展道路,这条发展道路既要符合我国社会发展实际,也要遵循体育发展规律。实现体育强国梦,就必须走中国特色的体育发展道路,从而推进体育的特色化

发展。在中国体育发展进程中,对体育发展道路的探索一直在进行,并且通过整合人力、物力、财力等各种资源,支持和鼓励体育事业的发展。近年来,中国体育事业发展速度惊人,体育发展成果瞩目。我国地大物博、传统文化根基深厚,传统体育项目数不胜数,这就为体育事业的发展提供了强大支撑。随着我国国情和世界环境的变化,我国体育事业的发展也应顺应时代发展潮流,积极发展民族传统体育,吸取他国体育发展的有益经验,扬长避短,走特色化体育发展之路。发展大众体育,增强国民体质,是我国体育工作面临的根本任务。在社会主义事业建设过程中,人民群众不断增长的体育需求与体育发展现状之间的矛盾日益凸显,而且人民群众的多元化体育需求也更加突出。在体育强国建设中,一要科学把握大众体育需求的新特点和新变化,完善和优化公共体育服务模式,让人民群众享受到体育发展成果;二要创新大众体育活动组织形式,鼓励购买公共体育服务,动员各方面社会力量,积极开展人民群众可参加的体育活动和体育赛事;三是加快大众体育组织管理改革,推动各级各类体育协会的建设,充分发挥基层体育组织在群众体育发展中的作用;四是全面整合公共体育资源,完善公共体育设施,加大资金支持,从而满足大众健身所需。

(二)弘扬中华体育精神,持续推动竞技体育发展

体育事业这项综合性事业离不开社会各界的支持。中华体育精神是一种强大的精神力量,能激发国人的爱国热情。在国际体育赛事中,中国女排曾获得"五连冠"的优异成绩,彰显出中国女排不屈不挠、奋勇争先的中华体育精神,其辉煌战绩让国人振兴,也让世界各国刮目相看,同时也为中国体育的发展带来了无尽的勇气和强大的力量。中国梦的实现离不开以爱国主义为核心的民族精神,体育强国梦的实现既离不开爱国精神与民族意识,也离不开中华体育精神,并在中华体育精神的鼓舞下创造中国体育事业发展的新成果,让人民群众共享体育发展成果。虽然我国的竞技体育已获得了诸多成果,但不能因此止步不前,而要全面推进,将竞技体育推向新的发展高度。值得关注的是,我国的竞技体育仍然面临着发展不平衡的问题,因而要在保持体育优势的同时,促进体育均衡化发

展,增强我国体育的整体实力,提高我国体育在国际体育中的竞争力。要善于总结竞技体育发展的经验,深入研究竞技体育的发展新趋势,科学把握各项目的发展规律。要不断完善竞技体育发展机制,优化训练体制和竞赛制度,加强运动员培养与管理,创新运动员后备人才培养体系。要加快转变竞技体育发展方式,重视社会力量的参与,创造符合我国现实所需的体育发展新模式。

(三)拓宽发展思维,优化"大球"发展模式

在多样化的体育运动项目中,篮球、足球和排球构成的"大球"运动始终处于基础地位,是广大人民群众积极参与的运动项目。"大球"运动为何能获得广泛的群众基础,"大球"运动成绩为何难以实现突破,这都是值得深思的问题。当前,优化"大球"运动发展模式,提高"大球"运动发展水平,是我国体育工作面临的关键问题之一。在"大球"运动发展中,要开拓思维,坚持改革创新,既着眼于长期存在的矛盾和问题,也密切关注新条件下生成的新矛盾和新问题。要丰富"大球"运动的文化内涵,在全社会营造热爱和参与"大球"运动的优良氛围,积极发展校园篮球、校园足球和校园排球,注重后备人才的培养与管理。要不断完善运动项目管理机制,明确体育行政部门、学校、相关运动协会的职责与功能,有效发挥各级各类协会在"大球"运动发展中的作用,保障政府部门公共服务职能和监管职责的落实。

(四)加强政策引导,探索中国体育发展的新模式

虽然我国体育产业增值在 GDP 中所占比重逐渐增大,但仍远远低于发达国家。体育产业是体育强国战略的重要一环,是实现体育强国战略目标的推动力量。因此,在体育强国建设中,必须大力发展体育产业,使体育产业推动经济发展。而体育产业健康快速发展,无法脱离相关政策引导和支持,因而要科学设立体育产业引导资金,优化体育产业结构,转变体育用品制造业的发展方式,提升体育服务业的服务水平,推动体育产业走上集约化发展道路。与此同时,还要借鉴文化产业发展的有益经验,

推进体育与文化、旅游等相关产业的融合发展,增强中华体育文化的国际影响力,激发广大人民群众参与体育旅游的热情。更要为体育产业的高水平发展提供多方面的政策扶持,如在税费、知识产权保护方面制定行之有效的政策,为体育产业营造良好的发展环境。体育强国建设是一项系统性工程,体育强国战略目标的实现并非轻而易举之事。体育强国建设必然面临多种困难,解决这些难题是促进中国体育发展的必要前提。虽然我国竞技体育水平已居于世界前列,但竞技体育的发展只是体育强国战略的其中一项内容,并不能涵盖体育强国战略的全部。面对这一形势,转变中国体育发展方式,积极探索中国体育发展的新模式,成为中国体育快速发展面临的重大课题。在体育强国的战略目标指导下,我们要继续保持竞技体育的优势,同时要高度重视大众体育的发展,并且解除体育产业发展的障碍,以实现中国体育事业的全面发展。在我国全面深化改革的进程中,立足于我国体育发展现实,探索符合体育发展规律的发展新方式已迫在眉睫。

综上所述,体育强国建设不仅是我国体育事业发展的宏大目标,同时也是实现中国梦的必由之路。加强体育强国建设要推进体育特色化发展,全面发展大众体育;要弘扬中华体育精神,持续推动竞技体育发展;要拓宽发展思维,优化"大球"发展模式;要加强政策引导,探索中国体育发展的新模式。体育强国建设必然会面临各种挑战,但其前景是光明的,我们要以平和的心态与强大的勇气迎接体育事业发展的挑战,以体育强国梦助推中国梦。

第三节　体育强国背景下的高校篮球教学发展探究

一、高校篮球现代化发展的特点

(一)主体性与本真性

因为高校篮球是扎根于高校体育沃土的动态文化,是一种处于不断发展中的体育行为方式,所以,高校篮球不能与生产者相分离而独自存在,它是存在于群体中的动态内容。高校篮球不可能被强制地固定发展,其生存发展必须永远处于动态性过程中,因此高校篮球的现代化发展主体是其发展的主要要素。高校篮球是以肢体为表达符号的,并且肢体的规范性、竞赛的严谨性以及活动的系统性都是决定高校篮球保持本真特点的关键因素。所以,本真性特点就显得非常重要。目前,随着社会经济发展以及社会转型带来的生活变化,原本具有校园属性的高校篮球也开始出现改变。譬如新媒体的大规模普及使得高校篮球对人们的吸引力大为削弱。高校许多大学生忙于学业与就业压力,导致原本在课余进行的篮球活动也渐渐消歇。

(二)整体性与解读性

因为高校篮球的整体是由无数子体组成的,因此,整体原则也是高校篮球现代化发展所应遵循的重要原则。在高校篮球的整个体系中,教育工作者所起到的作用是不容置疑的,没有了他们,肢体符号的表达就无从谈起,他们也是高校篮球的另一种表现,因此社会应加强对教育工作者群体的保护力度。需要强调的是,高校篮球的现代化发展也与校区周边的自然环境、社会环境有着紧密联系。解读指的是可以从高校篮球发展过程中所遗留下的经验辨识出其发展规律,掌握并解读其内涵。高校篮球有着极强的通约性特点,是一种容易对其理解与解读的体育形式,充分发挥高校篮球这种较为形象化的作用,有利于人们更加深刻地进行理解。

(三)持续性与全民性

高校篮球的现代化发展并非一朝一夕就可完成的,对于这种复杂的、系统的大型工程来说,离不开持续的、全面的努力,从而逐渐形成一个尊重传统、继往开来的社会思想。在当前与未来的发展过程中,应时刻遵循"长期化、合理化、传承化、科学化"的发展原则,有条不紊地对高校篮球进行现代化发展。对大学生进行自觉参与高校篮球现代化发展的意识培养工作可以说极为重要,大学生不仅是高校篮球的学习者,同时也是高校篮球的传播者,他们是高校篮球的社会基础,唯有通过大学生自觉的意识或行为才可有效进行现代化发展。社会应重视不同方法的指导,培养大学生自觉参与高校篮球现代化发展的思想意识,通过各种方式来激发大学生的自觉性。

二、高校篮球现代化发展与创建和谐社会

首先,民主法治是创建和谐社会的主要特点,在创建和谐社会的过程中,必须创建与完善民主法制。高校篮球内容与形式极为丰富,无论活动规模的大小,都会吸引校内外的人来参与。虽然高校之间、高校与社会俱乐部之间在训练上存在一定差异,但在相同的规则下进行竞赛,真正体现了体育的意义。篮球竞赛规则不仅是竞赛的法规,同时也是裁判判罚的标准,随着高校篮球活动的发展,其项目规则也在不断完善之中。大学生在共同遵守的规则下进行比赛,既培养了自身的行为规范,也让自己尊重秩序与对手,逐渐形成遵纪守法的良好习惯。从这里就可看出,民主法制在高校篮球促进和谐社会创建的过程中发挥了独特而又重要的作用。

其次,公平正义是创建和谐社会的前提所在。和谐社会是一个公平、公正、正义的社会,唯有真正实现社会公平,才可协调好各方的关系,才可充分发挥大众的聪明才智。不骄不馁,奋发向上,敢于拼搏的精神并非是篮球运动员所特有的精神品质,每个人都应该具有。对于公平竞争而言,赛场是培养竞争意识与接受教育的最佳之处。高校篮球活动提倡在赛场上展现重在参与的精神,不分民族、不看学历,无论男女学生均可公平参加,在赛场上充分展示自己的真正实力。高校篮球活动所具有的这种公平正义,有利于形成平等竞争的体育氛围,从而有利于和谐社会的创建。

再次,随着生活节奏的加快,竞争也变得愈加激烈,在这种情况下人与人之间的关系就会变得紧张。人际关系的紧张,很容易产生嫉妒、不满、愤懑等不良情绪。而高校篮球活动具有一定的社会群体性,促进了师生之间、学生之间的沟通与交流,为加强人际交往、缓解紧张关系开辟了一条新途径,同时又使人与人之间的关系得到良好的发展。广大师生在

运动中建立起的信任和友爱是为他们构建舒适、和谐学习、工作、生活环境的重要基础。这种通过集体参与的高校体育运动项目,培养了人与人之间诚信的关系和团结、协作的精神,加强了师生之间、学生之间的友谊,形成了良好的校风。

最后,创建和谐社会的重要因素便是安定有序。就我国目前的状况而言,要想实现高校的稳定,就需要处理好高校内各种各样的关系,使其之间形成一种融洽的状态,从而促进高校的稳定。党和政府十分重视对高校篮球的现代化发展,制定了相关的法规和条例,通过各种行政手段全方位发展高校篮球。如组织各种各样、不同规模、不同形式的大学生联赛。在举行高校篮球活动的过程中,相互学习,相互帮助,团结友爱,其乐融融,可以最大限度地消除各学生因地理环境、生活方式不同所带来的障碍,实现学生间的情感交流。通过这些活动,有利于改善学生关系,织就学生间和谐、融合的情感纽带。

三、高校篮球在体育强国背景下的发展路径

(一)高校篮球协会实体化进程的推进

现行体制下,在高校中,篮球协会在高校篮球发展中属于管理者和决策者,各俱乐部是联赛发展的执行者,由于二者在利益上不完全统一,利益博弈衍生出的矛盾不利于职业联赛发展。高校篮球协会与各俱乐部的"上下属"关系等使高校职业篮球联赛发展处于关系错综复杂的局面,不利于联赛健康发展。中国体育事业的改革是自上而下的,在高校职业篮球的发展改革中,应该以决策机制改革为切入点。高校篮球协会实体化对于联赛品牌建设、联赛人才培养、协调各方关系、联赛文化和制度建设等都极为有利。

(二)竞赛规程以及赛制的改革与完善

竞赛规程的变化是联赛改革的核心。研究认为联赛场次少,竞赛规程不合理已严重影响到我国高校篮球的发展。以竞赛规程为核心的赛制改革将促进高校篮球联赛的市场效应、社会效应及竞赛效应,有利于联赛

收入提升、联赛品牌建设、联赛对人才的培养。

(三)人才队伍的建设与完善

首先,要创新体制机制建设。对于高校篮球而言,其人才发展、人才积极性的激发主要在于体制机制的创新,而体制机制的创新之源则是改革发展。健全完善的体制机制能够反映出强大的凝聚力与吸引力,能够表现出强大的生产力与竞争力。唯有加快体制机制的改革创新,进一步改革高校篮球人才工作体制机制,才可培养出德才兼具、富有创新以及结构规模合理的高校篮球人才队伍,才能充分调动起人才的积极性与主动性。在现阶段,创新高校篮球人才队伍的体制机制主要表现为两方面,即完善管理体制与创新工作机制,具体内容为:第一是完善管理体制。一方面,要着重完善党管人才的领导体制。另一方面,要着重完善管理工作模式。第二是创新工作机制。高校篮球人才的培养与管理是一个长期化、系统化的复杂工程,这就离不开统筹规划,尤其是在开发、选拔以及激励等方面的齐头并进。①要创新高校篮球的人才培养机制。人才竞争的关键来源于教育水平,所以,应完善有利于高校篮球人才成长的机制,优化高校篮球人才培养的调控机制,坚持保护利用高校篮球文化的方向,根据高校篮球人才的现实能力标准,制定出各类型的高校篮球人才评优机制。第一点,要让编制扩大化。应按照现实情况,添加各类相关单位编制,增加"人口"。此外,调离那些无法胜任本职工作的人,将岗位留给更有才能的人才。第二点,要革新评价标准,改变以往唯学历、唯学术的局限化思想,创建以职位职责要求为前提,以能力、品德为方向,科学化的高校篮球人才评价机制。第三点,要将评价人才与发现人才两方面紧密结合在一起,实现在实践中发现人才。②要创新高校篮球的人才选拔机制。第一点,要打破原有"资历论能力"的束缚,大胆启用年轻人才。第二点,要坚持用人所长的原则,将他们安排到更能发挥优势的职位。第三点,要打破身份界限,唯才选贤,拓宽选用高校篮球人才的视野。唯有对高校篮球人才选拔模式深入改革,方可形成有利于高校篮球人才充分施展才能的选拔机制。③要创新鼓舞保障机制。由于高校篮球人才肩负着发展高校篮球的重要使命,所以,针对高校篮球建设的重要性与特殊性,应对高校篮球人才采用鼓舞保障机制,创建完善与业绩密切联系、充分展示价值、利于活力激发以及维护合法权益的鼓舞保障机制,特别需要强调的是,要重视吸引大学生从事高校篮球的发展工作。一方面,要尽快实施具有特殊性的鼓舞制度;另一方面,要尽快创建与完善以医疗、养老保险为核心的社会保障制度,逐步形成国家、社会与高校三位一体的篮球人才保障体系。

其次,强化管理者队伍建设。首先,要对管理工作不断强化。具体可分为两个步骤,即完善分类体系与监管机制,定期组织培训并健全进出机制。所以,应完善管理者任期制度,以此强化管理者履行义务的责任感与使命感,若在任期内经过评估后可顺利完成各项指导任务,则续签合同。此外,还要健全管理者退出机制,对缺乏正当理由不履行义务的个人要对其解除合同,取消相应待遇。其次,要提高管理者待遇。高校篮球的现代化保护离不开一批领军人物,因此,不仅要大幅提高管理者的待遇,同时也要增加生活补助,从而培养起一支具有生命活力的管理者队伍。最后,要健全高校管理制度。让篮球真正进入高校,高校管理也是一种新时期的有效管理模式,应当仍需对其进行深入探索与创新。一方面,要将现代篮球管理"请进来",通过各种方式,加大优秀管理者者入校上课、指导高校工作者学习高校篮球管理的力度。另一方面,要让高校篮球"走出去",遵循管理规律与原则,改变目前高校篮球教学管理"笼统"的思路,走出学校,深入到各高校、各篮球俱乐部中。除此之外,还可设立高校篮球教学实践基地,与高校篮球管理者深入交流,将其转化为有用的教学资源。

最后,加强后备人才培养。专业后备人才培养主要包括运动员、教练员和裁判员的培养。虽然高校篮球协会在职业篮球发展中对运动员的培养较为重视,要求联赛各俱乐部进行梯队建设,但通常在具体实践中都落实不到位,导致专业篮球后备人才缺少。裁判员与教练员的后备人才建设同样具有战略意义。

在高校篮球的现代化发展方面,需要建立职业化的人才队伍。在组建队伍时,要聘请一些真正热爱高校篮球的专业人士,可从各大院校、科研单位以及社会范围公开招聘,也可采用兼职的形式。与此同时,在建设队伍时,还需合理规划队伍的年龄与学历结构,创建出一支专业素养优秀,业务能力过硬的高校篮球现代化发展队伍。

(四)加强法制保障

依法治国是我国的基本国策,所以对高校篮球的现代化发展而言,最根本的策略就是建立政策法规体系。但是,构建政策法规体系并非一劳永逸的,而需要与时俱进,紧跟时代发展潮流,以现实情况为出发点,不断对政策法规进行科学完善与整改,从而与具体的发展需求相适应。在对高校篮球政策法规体系的完善过程中,不仅对管理者的认定机制进行了完善,也明确规定了管理者的法律地位与法律权利,对管理者的权力界定既可使其权益得到切实保障,也可以防止滥用职权的现象发生,对高校篮球的现代化发展起到了积极作用。同时,在修订相关法规的过程中,要将包括高校篮球在内的高校体育现代化发展的国家保护作为重要对象,使高校篮球的现代化发展具有法律依据。除此之外,政府部门也要积极配合,制定出与高校篮球现代化发展相适应的相关法规,并且还可进行一些司法解释,既能够缩减程序上的复杂性,也可充分解释司法实践中具有争议性的问题。从对高校篮球的现代化发展进行保护的力量来说,主要包括三大部分:政府部门,社会组织和高等院校。协调好三大部分之间的关系,是对高校篮球现代化发展进行保护的基础环节。因此,在对三大部分进行协调时,要坚持以政府部门为核心,以社会组织为媒介,以高校为主力军,明确三大部分的彼此职责,形成合力,将保护具体落实到部门与个体身上。自从2011年深圳世界大学生运动会之后,我国就极为重视创建与完善有关高校体育的法律法规体系,以此保护包括高校篮球在内的所有高校体育活动。但因为诸多原因,迄今为止,我国的法律法规体系建设依然非常薄弱。针对这些问题,就需要有目标地构建出高校篮球的法律法规体系,为高校篮球的现代化发展提供法律支撑。需要强调的是,法律法规还应包括地方法规、行政法规以及民事法规等,唯此,才能使高校篮球更好地发展下去。

此外,高校篮球发展是市场经济的产物,随着高校篮球的改革发展,联赛的规模逐年增大,更需要有完善的法律法规,对高校篮球运作中所有参与主体的行为加以规范,这是联赛快速发展的基本保障。联赛发展必然伴随联赛文化的建设,高校篮球文化建设有利于联赛更好更快发展,中国高校篮球发展中应繁荣高校篮球文化,以期促进高校篮球联赛发展。

(五)创建完善的文化保护机制

首先,要创建顶层机构。在当前的新问题与新形势之下,为了能够更好地发挥出管理的作用,创建统一的领导顶层机构已成为亟待解决的重要任务。建议国家体育主管部门设立相关部门统筹高校篮球工作。在部门没有成立前,体育主管部门应积极主动地参与到高校篮球的现代化发展工作中,尤其是下辖的体育文化发展中心应积极配合其他相关部门,制订出包括高校篮球在内所有高校体育的发展规划,对高校篮球的开发以及发展提供资金、人员等物质方面的保障。与此同时,提倡各高校、各社区建立篮球文化博物馆与展览馆,妥善保存并展示与高校篮球文化相关的各种资料。此外,还要设立高校篮球文化发展中心,创建高校篮球文化信息库,为高校篮球文化的现代化发展提供数据支持。

其次,要强化理论研究工作。高校篮球的内涵异常丰富,怎样使高校篮球中的隐性资源转化为现实财富,促使其向现代化、科学化、系统化以及产业化的方向发展,为体育强国建设服务,可谓是一个需要尽快解决的重要问题。在社会飞速发展与现代篮球广泛传播的大背景下,高校篮球的现代化发展必将持续深化,逐渐发展为具有规范性与科学性的管理。所以,应当以现代理论与方法来研究高校篮球,制定出高校篮球短期与长远的发展目标,使高校篮球的现代化发展走向科学化、健康化、系统化的轨道,为其走向世界奠定良好的理论基础。

高校篮球的现代化发展不是一朝一夕就能完成的,因为高校篮球的内容丰富,历史发展与现状较为复杂,所以导致其现状与流变也有差异。除此之外,人力资源、财物资源以及智力资源也较为有限。所以,应建议政府成立独立机构,在政策引导中实现高校篮球的现代化发展。

(六)加大普及高校篮球发展知识

高校篮球教学是高校体育教学的重要组成部分,但由于我国对高校篮球的宣传不足以及现代体育的影响,导致许多大学生对高校篮球不甚了解。如果要想做好高校篮球的现代化发展工作,最为关键的就是搞好高校篮球发展的知识宣传与普及,让学生知道何为高校篮球,何为高校篮球文化。知识的宣传与普及,是高校篮球现代化发展的前提。唯有在全面普及的环境下才能做好各项后续工作,若想实现高校篮球发展知识的真正普及,就需要将高校篮球发展知识纳入进体育教育全程中。这主要是因为高校是传播篮球文化的重要载体,将高校篮球纳入到体育教育全程中是一种双赢。

(七)努力适应体育全球化

首先,要在这个过程中主动出击。在全球化背景下,体育文化的共享也成为必然趋势,闭门造车显然无法与时代发展相符合。所以,在体育全球化的大环境中,高校篮球应主动出击、不断开拓,时刻保持开放之姿,勇于同国内外高校、国内外俱乐部的篮球文化展开"较量"。高校篮球不仅要发展,更需要迈向国际环境中,应与时代发展紧密结合,融入更多的时代元素,赋予其全新的时代精神。唯此,才能在提高国际竞争力之时,防止高校篮球的退步。

其次,要在这个过程中科学处理传统与竞技的辩证关系。高校篮球是一种将诸多思想融合为一体的体育教学体系,这种体系不仅包含人本思想、和谐原则以及集体精神和爱国主义,也蕴含责任意识、人格追求以及生态观念。所以,务必要保持高校篮球所拥有的特性,唯此,才能在体育全球化环境中保持高校篮球自身鲜明的特色。

最后,要在这个过程中寻找"和合"的基础点。从整体角度来看,"和合"具体指的是事物在冲突与融合的过程中,许多有形或无形产生"和合"、融合成新事物的总和,这些事物涵盖社会、文明、自然、心灵等多方面。在体育全球化的大环境中,"和合"是实现高校篮球现代化发展的坚实基础,唯有寻找到这个基础点才能更加从容地应对全球化所带来的种种挑战与机遇,从而创造出适合高校篮球现代化发展的环境。

第八章　全民健身背景下的高校篮球发展探究

第一节　全民健身概述

一、全民健身的定义

全民健身,指的是全国上下、男女老少,全体通过锻炼,提高身体的机能、柔韧度、耐力等,从而改善体质,增强身心健康。全民健身旨在促进国民体质和健康水平的全面提高,全民健身活动的重点对象是儿童和青少年,倡导全民每天参加一次以上的体育健身活动,学会两种以上健身方法,每年进行一次体质测定。

在我国,全民健身的理念之所以能够深入广大群众,主要是源于两个方面,首先是国际大众体育的发展给我国带了深远的影响。其次是我国受中国特色社会主义的发展与建设需求的影响。对此,笔者做出了以下具体的阐述。

国际范围内大众体育发展在中国的体现。20 世纪 60 年代,西方发达国家的大众体育的发展规模初步形成,在 20 世纪 80 年代后大众体育的发展速度不断加快。在这种背景下,各种类型的民间组织、政府组织都对大众体育给予了高度的关注与重视,不仅如此,世界上很多国家都以本国的实际发展情况为依据对一系列的大众体育发展规划进行了科学制定,大众体育在法律层面上又有了新的发展,发展规划的建立确保了大众体育的健康、可持续发展。随着国际大众体育运动发展势头的日益强劲,许多国家深深地受其影响,纷纷对本国的大众体育发展规划进行有组织、有计划的制定,并对长期奋斗目标进行了明确,对具体落实计划进行了科学规划。例如,澳大利亚的《生命在于运动计划》《积极澳大利亚》;加拿大颁布了有关大众体育的《积极生活》;韩国的《小老虎体育健身计划》;德国制定了《家庭体育奖章制》和《黄金计划》等;新西兰的《国家运动计划》;英国的《年代体育战略规划》和《体育:提升娱乐》;比利时的《每家一公里计划》;美国提出了《最佳健康计划》;日本出台了《东京都增进健康计划》和《国家体育促进与大众体育建议》等。这些计划的实施使得体育与健康、卫生、生活方式及质量等之间的关系日益密切,进一步促进了大众体育运动的发展。中国人口数量庞大,若是积极发展大众体育,不仅能够给本国带来影响,甚至还会影响全球。在观察到国际大众体育运动的发展势头后,政府对大众体育在我国的发展进行了认真规划和科学布局,并对专门的法规性文件——《全民健身计划纲要》进行了制定、颁布与实施,而且实践证明这一决定是英明的。从这一点来看,国际大众体育的发展潮流直接影响了我国全民健身活动的开展,实际上,大众体育在我国的发展正是通过全民健身活动体现出来的。

建设中国特色社会主义国家的客观要求。人是我国社会主义现代化建设的根本力量,社会主义事业的发展程度直接受到人力资源质量的影响。中国共产党第十七次全国代表大会报告中提出:科学发展观的第一要义是发展,核心是以人为本。人是"以人为本"理念的核心,人与人、自然及社会的和谐相处也是以人为本理念的重要含义,而人的基本权利就是健康。因此,在和谐社会的构建过程中,一个至关重要的问题就是人的健康问题。而且国际社会也普遍认同在建设国家的过程中要将人的问题充分重视起来。社会发展的根本动力是人,而人的发展基础是具备良好的健康体质。因此,我国进行社会经济发展的同时也要求国民要拥有良好的身体素质。所以,要想促进国民的整体素质得到进一步的提升,发展全民健身成为势不可挡的趋势。我国要想真正增强国民的体质和促进国民的健康水平,一定离不开全民健身在其背后的巨大且积极的推动力量。

改革开放后,我国大力发展体育事业,并取得了可喜的成就。具体表现在:全国各地普遍开展群众性体育活动,而且活动内容丰富,活动形式多样;我国的体育物质条件得到了明显的改善;体育活动的参与者大量增加;人民的体质与健康水平日益提高;在促进人民整体素质提高、加强社会主义建设的过程中,体育发挥着日渐显著的作用。虽然这些成就都说明我国社会各界普遍重视与支持全民健身工作。但需要注意的是,我们不仅要看到全民健身工作开展的成就,也要看到在发展中存在的不足。总体上来说,我国全民健身工作的现状与我国现阶段社会主义现代化建设的需要还不相适应,具体表现在以下几方面。

第一,广大群众普遍不具备完善的健身意识,我国缺少普遍性的群体健身活动,参加体育锻炼的人数不远远不够。第二,现阶段的社会发展无法满足群众对于体育锻炼的需要,锻炼场地具有局限性,体育设施的布局和开放状况不够完善。第三,我国缺少严格而全面的全民健身战略布局和科学系统的监管机制。第四,我国对相关法规、文件的执行力度还不够。第五,与社会主义市场经济制相适应的全民健身管理体制和运行机制还未建立,处于摸索阶段。我国在发展经济与体育的过程中,要通过合理的政策与有效的措施来对以上这些问题逐步加以解决。近年来,随着《中华人民共和国体育法》《全民健身计划纲要》等法律法规的相继颁布,我国全民健身活动正式起步并进入了规范发展的轨道。国务院 2021 年8 月印发《全民健身计划(2021－2025 年)》(以下简称《计划》),就今后一个时期促进全民健身更高水平发展,更好满足人民群众的健身和健康需求作出部署。《计划》指出,在党中央、国务院坚强领导下,我国全民健身国家战略深入实施,全民健身公共服务水平显著提升,全民健身场地设施逐步增多,人民群众通过健身促进健康的热情日益高涨,健康中国和体育强国建设迈出新步伐。

二、全民健身的内容

(一)大众健身活动

1.个体健身活动
通过查阅《中国全民健身现状调查结果报告》发现,长走与跑步、足球、篮球、排球、羽毛球、游泳、体操、乒乓球、登山、跳绳、台球与保龄球、舞蹈是在我国体育人口健身活动中排名前十的。这些活动内容与过去相比,相对具有一定的稳定性。与过去相比,参加太极拳、气功、武术、门球、地掷球等项目的人数有所减少,而舞蹈、球类等有很强的娱乐性与竞技性的项目参与者有所增多,登山的人也较过去有了增加。

2.群体健身活动

根据调查分析得出以下结论:城乡范围内,我国居民从事的健身项目从高到底的排序依次是健身健美操、武术、秧歌、交谊舞、广播操、羽毛球、气功、门球、网球。与以前相比而言,气功项目的参与者有所减少。以前气功在居民的健身项目中排名第一,现在排第七。在调查的过程中发现,众多居民活动点都将上述项目作为长期锻炼内容,不过也存在少数人群或依照季节进行适当的调整。另外,也有少数人会跟随体育潮流的方向及时更换锻炼的项目。

早在之前,人们所从事的大众健身内容只包括个别有趣的项目,而如今社会正逐渐走向全面健身趋势,各式各样的体育项目都已成为全民健身的方式和路径。当前,具有创造性的大众健身锻炼项目不断出现,如太极柔力球就是一个典型,中老年健身人群普遍都喜欢参与这项运动,其是羽毛球与太极拳技术和思想的结合,对于中老年人锻炼身体十分有益。老年拐棍操也是一个比较新颖的项目,它由上海市某社区设计而来,主要是为了满足老年男子锻炼的需要,这一项目动作合理,形式诙谐,颇有趣味,因此对老年男性有很大的吸引力。

(二)商业健身活动

1.商业健身的定义

商业健身全称是"商业健身服务业",是通过将优质的体育健身产品和优良的服务提供给客户,从而使客户健身需求得以满足的服务行业。作为体育产业的重要组成部分,商业健身服务业在大城市的发展十分迅速。从另一个角度来看,商业健身服务业在大众体育中也是一个重要组成部分,其在大众体育中的作用与地位都很重要。然而,有些人错误地认为,这不是大众体育的一部分,只是那些为富有的人服务的行业,其实从本质上而言,其从属于大众体育的范畴。

2.商业健身的特征

第一,不论商业健身中的主体是谁,提高身心健康都是其共同的努力目标。第二,分析商业健身的目的可以发现,商业健身也是大众体育健身的构成部分。第三,作为具有较高水准的商业健身服务行业,其优良的环境和设施势必也吸引具备一定经济水平的客户,并且随着社会的发展和人们经济水平的增强,这类人群的扩大趋势不容小觑。第四,在商业健身的过程中,人们可以体验更为优越的建设环境和完善的健身设施。第五,当客户在进行健身时,能够获取更为专业和科学的指导,因而产生良好的锻炼效果。第六,健身无不需要资金的支持,从另一方面来看,同时也是对健康的投资。第七,商业健身不同于普通的大众健身,前者始终是以盈利为目的的企业活动。

3.商业健身服务业的价值

第一,相比免费的健身场所,健身俱乐部具备更为高端的健身环境和完善的运动设施,客户能够在锻炼项目上进行个性化的制定以及锻炼。第二,部分社会阶层的健身心理能够在商业健身中得以满足,这也是"市场细分"的必然结果。第三,商业健身对于体育产业的整体发展具有积极的推动作用。第四,公益性大众健身存在一定的不足,这在商业健身中能够得到弥补,一定程度上可以使公益性大众健身资源有限的问题得以解决。第五,商业健身有利于增加就业机会,促进社会就业率的提高。

4.商业健身的具体活动内容

通过调查可以发现,在商业健身活动中,最受客户欢迎的项目是操类课程。具体包括搏击操、健美操、肚皮舞、瑜伽、游泳、剑道等。普拉提、动感单车、跆拳道、有氧功率跑台等也是主要的健身活动内容。在一些高档的商业健身企业中,网球、高尔夫球等也是常见的项目。综上所述,这些健身项目给人们的健康带来的都是积极的影响,不同的项目对体能侧重发展方向是不同的,有的项目注重发展力量,有的则强调柔韧性的作用,还有其他的项目是提升人的耐力程度。从这些项目的需求人群而言,白领阶层是喜爱这些产品的主要人群,他们喜欢这些产品不仅是因为通过这些项目可以健身,而且还有一定的精神追求,信其"道",亲其"师"。不同项目对应了有不同目的与追求的人群,比如力量训练与形体健美是喜欢健美的人士追求的产品,有氧跑台上运动是需要减肥的朋友热衷的一个主要项目。

(三)全民健身中的竞赛活动

在体育活动的众多特点中,不能忽视"竞赛"这一基本且重要的特性。同时,竞赛也是体育活动在进行过程中的一种呈现形式。在全民健身活动的发展中,离不开竞赛发挥杠杆作用。

目前,"全国体育大会""民族传统体育运动会"等是我国具有全民健身性质的主要大型综合赛事。全国门球比赛、全民健身路径的比赛、全国舞龙及舞狮比赛等具有全民健身性质的大型单项竞赛活动也有很多。从年龄来划分,全民健身中的竞赛活动有老年人的竞赛活动、青少年的竞赛活动等。

值得注意的是,举办全民健身活动和举办竞技体育赛事是有所不同的。从方式来说,不能用举办竞技体育赛事的手段来组织大众体育活动。从目的来看,全面健身赛事的举办为的是能够提升居民身体素质和体育素养,而竞赛体育赛事则是为了达到"更快、更高、更强"。在现阶段,我国大部分大众体育竞赛活动都是通过对竞技体育竞赛办法的盲目套用而举办的,这需要引起有关部门的关注与重视,及时纠正这一错误的做法,采取合理的对策来正确地举办大众体育赛事,明确赛事的目的、任务、内容及价值所在。

三、全民健身的特点

(一)全民性与公益性

全民健身具有全民性的特征,这主要体现在其坚持以人为本的理念,服务对象是全国国民,实行的是大众服务,对公民平等参加体育的权利依法加以保障,让全体国民通过全民健身活动享有体育,享受乐趣,可见全民健身不是惠及一部分人,而是全体大众。人人都有权利参与全民健身活动,但每个人同时也受到一定公共规则和社会道德的约束。

群众性体育事业具有公益性的特征。顾名思义,公益指的是就是公共的利益,而社会公众就是公共的具体表现。作为一项公益性社会事业,全民健身活动的发展离不开社会主义市场经济体制的影响,因此国家不对这项事业大包大揽,其是一项具有福利性特征的事业,政府、社会、公民都有相应的责任,并各自依法承担与履行责任。

(二)健身性与娱乐性

健身性与娱乐性是在目前众多健身追求者中最为显著的两点特性。首先,健身性是基本的特征,群众进行体育锻炼的目的就是为了改善体质,促进健康,从而确保身心得到长久的活力。群众体育同时具有娱乐性,这具体是指人们在体育活动中心灵可以得到放松,精神会振奋。健身性和娱乐性是相辅相成的关系,健全的身体实际上包括了精神的健全,精神健全是以身体为载体的。作为群众体育活动的参与主体,亿万群众在自愿、自主的基础上,以直接的身体活动参与体育运动,从而达到身心健全和精神饱满的目的。

(三)多元性与灵活性

1.服务对象

全民健身的多元性与灵活性特征主要体现在服务对象上。全体国民是全体健身服务体系面向的对象,青少年、中年、老年,不同阶层、不同文化程度、不同职业等所有人群都包含在内。所以,全民健身活动面对的服务对象各不相同,因此需要提供不同的服务。

2.投资主体

多元性与灵活性也体现在全民健身的投资主体上。全民健身计划的实施必然需要投入一定数额的资金,这是基础保障。《全民健身计划纲要》提出:"体育部门要改善资金支出结构,逐步增加群众体育事业费用在预算中的支出比重,鼓励企事业单位、社会团体、个人资助体育健身活动。"实施全民健身计划的资金来源是多元的,主要由政府拨款、社会筹集和个人投入三部分组成。随着我国经济体制的日趋完善,我国全民健身计划的实施也会有更加灵活的投资方式。

3.工作方式

随着全民健身的深入发展与活动的广泛开展,一个多元的工作体系和工作方式逐渐形成,这个体系中主要由政府组织、社团组织、单位组织、社区组织以及民间健身俱乐部组织组成。在整个体育组织系统中,各个机构都发挥着自身的作用与价值,如政府体育机构、社会体育指导中心、体育社会团体、群众健身辅导站等。

四、全民健身的发展现状

(一)政府将全民健身纳入社会主义精神文明建设

党和政府高度重视《全民健身计划纲要》,这是与实现社会主义现代化目标相配套的一项增强国民体质的系统工程和跨世纪的发展战略规划。全国各省(区、市)都成立了由政府领导挂帅,各有关部门负责人参加的全民健身工作领导机构,大部分行业体协也成立了组织机构。据统计,地市级的领导机构占地市总数的一半以上,县级的领导机构占县总数的大部分,许多街道、乡镇也成立了领导或协调机构。各级地方党委和政府把全民健身工作作为当地社会主义精神文明建设的一项重要内容,列入了为群众办好事、实事之一,强化了政府对全民健身工作的领导职能。

(二)全民健身意识逐渐提升

为了促使全民健身活动得到全面而有效的实施,我国将每年8月8日全民健身日所在的周定为体育宣传周,这一规定给社会带来了广泛的影响,并对群众健身意识的增强起到了积极的促进作用。北京、天津、上海、河北、山西、湖南、甘肃等省(市),为加大宣传效果,把"宣传周"的形式、内容扩展为全省(市)规模的体育节、体育艺术节、全民健身体育节等,使之影响更大,参与的人数更多。

全民健身活动既有形成制度的大型群体竞赛,也有社区、居(家)委会、家庭等的小型、经常性群体活动,形式多种多样、内容丰富多彩、群众参与广泛。据了解,不少地区还将体育健身与生产、生活结合起来,既有效地激发了广大群众参与体育活动的兴趣和积极性,又有利于占领文化体育阵地,促进了精神文明、物质文明建设,深受群众欢迎。

(三)群众体育工作者不断增多

全民健身活动的发展,尤其是《全民健身计划纲要》的实施,促进了群众体育工作队伍的建设,省级体育行政部门中群众体育干部的数量占干部总人数的比例逐渐增加,在省、地、县体育事业单位中,从事群众体育的人员也在增加,省级体育总会中的专职人员与兼职人员有更多的增加,此外,乡镇、街道专职体育工作人员都有较大幅度增加。

社会体育指导员队伍已是开展社会体育活动的一支重要力量。我国初步形成了以体育行政管理人员为主导,以体育社会团体人员和乡镇、街道体育干部为主线,以社会体育指导员为主体的群众体育工作队伍。

(四)逐渐形成点线结合的体育组织网络

随着体育体制改革的不断深化,体育社会化程度的不断提高,逐步形成了中央、省级、市(地)、区(县)、街道(乡镇)的体育社团的层次结构,基本覆盖了全国城乡的广大地区。据调查统计,全国省以下各级体育社会团体、团体会员、个人会员在数量上都有所增加。

体育社团类型结构包括了体总、群众体协、项目体协、行业体协等。全国体育社会团体的种类逐年增加。城乡社区体育指导站和活动点是群众体育健身活动的基本阵地。据调查统计,全国城市和乡镇的体育指导站都在不断增加,在指导站参加活动的人数也不断增多,我国社会体育已初步形成了一个以体育社会团体为线,以基层体育指导站、活动站为点的点线结合、覆盖面广的社会化的群众体育组织网络。

(五)全民健身场所和投资经费的增多

全民健身面临的问题之一就是健身场地的不足,为了满足群众的健身需求,全国上下在充分利用现有的体育设施基础上,逐步增开各类体育设施场所,并且大多数的公共体育馆面向社会开放。

国家鼓励从中央提存的体育彩票公益金中提取一部分用于发展群体

事业,其中相当大一部分用于购置器材与设施建设的"全民健身工程"。还通过创建体育先进县活动,调动各级政府和社会投入建立"两场一房一池"的资金,以及社会、集体和个人兴建体育场馆、设施的投资,其数额就更加可观。这些建在群众身边的体育设施,既大大方便了群众参加体育健身活动,又有效地缓解了体育健身场地、设施的不足。群众说这是"政府为老百姓办的好事、实事",称之为"民心工程"。

这几年,国家给开展全民健身活动一个好政策,发行体育彩票并把彩票公益金中收入部分的一半以上用于实施全民健身计划上,使得各级群体经费逐年都有增加,国家和地方共投入体育彩票公益金达几亿元。许多退休领导干部表示一定要把彩票公益金用好,特别是要把这些取之于民的体育彩票公益金真正用在为人民办实事上,推动全民健身的开展。

(六)逐步形成完善的全民健身激励机制

为表彰和鼓励基层开展群众体育工作的积极性,推动全民健身工作的开展,从中央到基层运用激励机制并逐步成为制度,形成一套表彰体系。命名了全国体育先进县,命名了全国城市体育先进社区;表彰了获全民健身宣传周优秀省、优秀单位;与教育部联合表彰了推行《全面健身纲要》的先进单位、先进工作者表彰全国群众体育先进省、市,全国群众体育进步省、区,全国群众体育先进单位、先进个人;与农业部、中国农民体育协会联合表彰"亿万农民健身活动"先进乡镇;与国家民委联合表彰民族体育模范集体、模范个人等。

(七)学校体育建设不断得到加强

教育乃国家发展的根本动力,而体育教育更是不容忽视的关键问题。国家体育总局积极配合教育部改革学校体育,修订《国家体育锻炼标准》,将实施《国家体育锻炼标准》工作作为学校体育考试的一项内容。会同教育部共同制定了《少年儿童体育学校管理办法》《体育传统项目学校管理办法》等法规文件,进一步加强对青少年的素质教育,培养学生德智体全面发展。全国施行《国家体育锻炼标准》的学校数不断增加,达到及格标准的学生比例也有提高。体育传统项目学校在努力办好贯彻《学校体育工作条例》的示范校的同时,数量也有所增长,参加课余训练活动的学生不断增加。根据党中央和国务院领导同志的指示精神,逐步增加和改善学生在校外的体育活动设施和场地。同时,各级体育部门也利用体育彩票的公益基金来支持各类体育场馆的规划和建设,开设更多的体育俱乐部。此项工作被相关政府部门视为重点,逐年增加投入,以此达到长久的发展,从而有利于我国学生校外体育活动阵地与网络的构成。

(八)全民健身活动带动了体育产业的发展

开展全民健身活动,扩大了人们的消费范围,促进了体育消费。近几年,体育健身活动也带动了一批产业发展。从一定意义上讲,新开发一个体育项目就带动了一些相关产业的发展,如轮滑活动的开展就带动了轮滑鞋、滑板车、滑板的生产,信鸽活动就带动了鸽环、鸽饲料的生产。群体健身又带动了健身业的发展,如北京市体育经营场所年营业额达几十亿。甚至房地产业的开发和销售,也受体育健身环境的影响,凡有便民体育锻炼场地和设施的,房价都会大幅增加。

第二节　全民健身与大众篮球运动

一、大众篮球运动在全民健身中的群众地位

在我国,进一步的发展大众篮球,繁荣篮球文化市场,促进广大人民群众投入到大众篮球运动中去,对于实施全民健身计划有着重要的推动作用。大众篮球是人们喜闻乐见的体育运动项目,它符合人民的根本利益,能不断满足人们对于身心健康发展以及对篮球文化的需求。随着我国社会经济的不断发展,以及人们生活水平的进一步提高,人们会越来越重视身心健康,休闲娱乐也必将成为人们生活中不可缺少的一部分,大众篮球运动以其独有的特点将会融入到人们的生活中去,大众篮球运动也会得到进一步的发展,成为我国全民健身计划重要的推动力量。

二、大众篮球运动在全民健身中开展的有利条件

自新中国成立以来,在党和政府积极倡导的"发展体育运动,增强人民体质"的健身方针的指导下,篮球运动因其简便易行,富有竞技性、趣味性、健身性、娱乐性、教育性等多种功能特点,在相关部门的积极推动下,在广大人民群众中得到了广泛的开展,成为了人们喜闻乐见的体育项目。

(一)外部表现

篮球运动对于场地设施的要求不高,仅需要一块平整的场地,一个篮架便可进行运动,对于人数也无太高要求,根据人数的多少可以进行三对三、四对四、五对五,甚至交替班进行比赛,组织形式多种多样,该运动适合各种人群,可根据自身的年龄、身体条件、篮球水平等自由的进行活动。篮球运动具有较高的观赏性,其大众篮球中,参与者的水平参差不齐,这也使得比赛更加的有趣,强悍的突破得分,精妙的传球配合让观看者一饱眼福,甚至是球场上一些滑稽的动作也能够让大家开怀大笑,在锻炼身体的同时也娱乐的身心,这样的体育运动自然会受到人们的喜爱,带动更多的人参与进来。

(二)精神内涵

篮球运动满足了人们追求身体健康的要求,同时娱乐了身心,也成为人与人交往、交流的工具。在篮球运动中,激烈的比赛提高了人们的竞争意识,胜利的喜悦也能够的心情更加的舒畅。篮球运动是团体运动,在比赛中与同伴的默契配合,不仅使得比赛更加的精彩,也能够延展到他们的社会生活中去,启发他们对于竞争与合作有着更深层次的理解。对于个人而言,通过精彩的表演博得众人的掌声和喝彩,能够满足自我的"虚荣心",充分展示了自身的价值。篮球运动是人际交往的重要途径之一,它远离了现实社会的功利,这种交流变得更加的纯粹、更加的真实,让人们能够更加的自由的展现自我。篮球运动的文化内涵与现代社会的发展是有着共同之处的,对于人的社会化、人的全面发展能够起到重要的作用。

所以,篮球运动能够长久不衰,风靡全球,这是其根本所在。在我国全民健身的浪潮中,大众篮球必将成为中流砥柱,在人民群众中盛行。

三、大众篮球运动在全民健身中的发展形式

(一)大众篮球运动的运营管理

大众篮球管理体制是大众篮球管理的机构设置、权力划分、运行机制等方面的体系和制度的总称,它是实现大众篮球管理目标的组织基础和制度保障。

大众篮球管理体制是在国家的政治、经济体制及文化传统的大环境规范下产生和发展的。国家的政治和经济发展现状直接制约这大众篮球管理体制。篮球作为重托体育项目中的一种,我国大众篮球管理体制的构成是在"宏观"体育管理体制的大环境和大背景之下孕育而生的。目前,世界各国的社会体育管理体制大体上可以分为三种类型,分别是:政府管理型、社会管理型以及政府、社会结合管理型。

(二)大众篮球运动发展的指导思想

目前我国大众篮球运动发展的指导思想主要体现在三个方面:一是在我国发展大众篮球运动,要以科学发展观和构建和谐社会的理念为指导,即要坚持以人为本,以满足人们日益增长的篮球文化需求为根本,在和谐社会的基础上,不断增强人们的身体素质以及全民族的整体素质,进一步促进人的全面发展;二是要始终坚持大众篮球运动和竞技篮球和谐发展的方针,要充分发挥大众篮球的基础作用和竞技篮球的导向作用,借助大众篮球运动向人们普及篮球文化,促进我国大众篮球运动的深入开展和竞技篮球后备人才的培养,努力实现大众篮球与竞技篮球的和谐发展。三是坚持不同地区大众篮球的协调发展。

我国不同地区经济发展水平等因素导致大众篮球运动的发展出现不均衡的现象,特别是偏远地区和农村跟发达地区有着较大的差距,因此,要借助全国大众篮球运动发展的春风,积极鼓励和扶持偏远地区和农村

的大众篮球运动的开展,积极采取有效措施,努力实现我国大众篮球运动的整体协调发展。

第三节　高校篮球在全民健身背景下的发展路径

一、高校篮球协会实体化进程的推进

现行体制下,在高校中,篮球协会在高校篮球发展中属于管理者和决策者,各俱乐部是联赛发展的执行者,由于二者在利益上不完全统一,利益博弈衍生出的矛盾不利于职业联赛发展。高校篮球协会与各俱乐部的"上下属"关系等使高校职业篮球联赛发展处于关系错综复杂的局面,不利于联赛健康发展。中国体育事业的改革是自上而下,在高校职业篮球的发展改革中,应该以决策机制改革为切入点。高校篮球协会实体化对于联赛品牌建设、联赛人才培养、协调各方关系、联赛文化和制度建设等都极为有利。

二、竞赛规程以及赛制的改革与完善

竞赛规程的变化是联赛改革的核心。研究认为联赛场次少,竞赛规程不合理已严重影响到我国高校篮球的发展。以竞赛规程为核心的赛制改革将促进高校篮球联赛的市场效应、社会效应及竞赛效应,有利于联赛收入提升、联赛品牌建设、联赛对人才的培养。

三、人才队伍的建设与完善

首先要创新体制机制建设。对于高校篮球而言,其人才发展、人才积极性的激发主要在于体制机制的创新,而体制机制的创新之源则来自改革发展。健全完善的体制机制能够反映出强大的凝聚力与吸引力,能够表现出强大的生产力与竞争力。唯有加快体制机制的改革创新,进一步改革高校篮球人才工作体制机制,才可培养出德才兼备、富有创新以及结构规模合理的高校篮球人才队伍,才能充分调动起人才的积极性与主动性。在现阶段,创新高校篮球人才队伍的体制机制主要表现为两方面,即完善管理体制与创新工作机制,具体内容为:第一是完善管理体制。一方面,要着重完善党管人才的领导体制。另一方面,要着重完善管理工作模式。第二是创新工作机制。高校篮球人才的培养与管理是一个长期化、系统化的复杂工程,这就离不开一个统筹规划,尤其是在开发、选拔以及激励等方面进行齐手并进。一是,要创新高校篮球的人才培养机制。人才竞争的关键来源于教育水平,所以,应完善有利于高校篮球人才成长的机制,优化高校篮球人才培养的调控机制,坚持保护利用高校篮球文化的方向,根据高校篮球人才的现实能力标准,制定出各类型的高校篮球人才评优机制。一方面,要让编制扩大化。应按照现实情况,添加各类相关单位编制,增加"入口"。此外,调离那些无法胜任本职工作的人,将岗位留给更有才能的人才。①要革新评价标准,改变以往唯学历、唯学术的局限化思想,创建以职位职责要求为前提,以能力、品德为方向,科学化的高校篮球人才评价机制。另一方面,要将评价人才与发现人才两方面紧密结合在一起,实现在实践中发现人才。二是要创新高校篮球的人才选拔机制。一方面,要打破原有"资历论能力"的束缚,大胆启用年轻人才。一方面,要坚持用人所长的原则,将他们安排到更能发挥优势的职位。另一方面,要打破身份界限,唯才选贤,拓宽选用高校篮球人才的视野。唯有对高校篮球人才选拔模式深入改革,方可形成有利于高校篮球人才充分施展才能的选拔机制。三是要创新鼓舞保障机制。由于高校篮球人才肩负着发展高校篮球的重要使命,所以,针对高校篮球建设的重要性与特殊性,应对高校篮球人才采用鼓舞保障机制,创建完善与业绩密切联系、充分展示价值、利于活力激发以及维护合法权益的鼓舞保障机制,特别需要强调的是,要重视吸引大学生从事高校篮球的发展工作。一方面,要尽快实施具有特殊性的鼓舞制度。另一方面,要尽快创建于完善以医疗、养老保险为核心的社会保障制度,逐步形成国家、社会与高校三位一体的篮球人才保障体系。

其次要强化管理者队伍建设。一是要对管理工作不断强化。具体可分为两个步骤,即完善分类体系与监管机制,定期组织培训并健全进出机制。所以,应完善管理者任期制度,以此强化管理者履行义务的责任感与使命感,若在任期内经过评估后可顺利完成各项指导任务,则续签合同。此外,还要健全管理者退出机制,对缺乏正当理由不履行义务的个人要对其解除合同,取消相应待遇。二是要提高管理者待遇。高校篮球的现代化保护离不开一批领军人物,因此,不仅要大幅提高管理者的待遇,同时也要增加生活补助,从而培养起一支具有生命活力的管理者队伍。三是要健全高校管理制度。让篮球真正进入高校,高校管理也是一种新时期的有效管理模式,当仍需对其进行深入探索与创新。一方面,要将高校篮球管理"请进来",通过各种方式,加大优秀管理者者入校上课、指导高校工作者学习高校篮球管理的力度。另一方面,要让高校篮球"走出去",遵循管理规律与原则,改变目前高校篮球教学管理"笼统"的思路,走出学校,深入到各高校、各篮球俱乐部中。除此之外,还可设立高校篮球教学实践基地,与高校篮球管理者深入交流,将其转化为有用的教学资源。

最后要加强后备人才培养。专业后备人才培养主要包括运动员、教练员和裁判员的培养。虽然高校篮球协会在职业篮球发展中对运动员的培养较为重视,要求联赛各俱乐部进行梯队建设,但通常在具体实践中都落实不到位,导致专业篮球后备人才缺少。裁判员与教练员的后备人才建设同样具有战略意义。

在高校篮球的现代化发展方面,需要建立职业化的人才队伍。在组建队伍时,要聘请一些真正热爱高校篮球的专业人士,可从各大院校、科研单位以及社会范围公开招聘,也可采用兼职的形式。与此同时,在建设队伍时,还需合理规划队伍的年龄与学历结构,创建出一支专业素养优秀,业务能力过硬的高校篮球现代化发展队伍。

四、加强法制保障

依法治国是我国的基本国策,所以对高校篮球的现代化发展而言,最根本的策略就是建立政策法规体系。但是,构建政策法规体系并非就是一劳永逸的,而需要与时俱进,紧跟时代发展潮流,以现实情况为出发点,不断对政策法规进行科学完善与整改,从而与具体的发展需求相适应。对高校篮球政策法规体系的完善过程中,不仅对管理者的认定机制进行了完善,也明确规定了管理者的法律地位与法律权利,对管理者的权力界定既可使其权益得到切实保障,也可以防止滥用职权的现象发生,对高校篮球的现代化发展起到了积极作用。同时,在修订相关法规的过程中,要将包括高校篮球在内的高校体育现代化发展的国家保护作为重要对象,使高校篮球的现代化发展具有法律依据。除此之外,政府部门也要对此积极配合,制定出与高校篮球现代化发展的相关法规,并且还可进行一些司法解释,既能够缩减程序上的复杂性,也可充分解释司法实践中具有争议性的问题。

对高校篮球的现代化发展进行保护的力量来说,主要包括三大部分。一种是政府部门,另一种是社会组织,还有一种是高等院校。协调好三大部分的彼此关系,是完善高校篮球现代化发展进行保护的基础环节。因此,在对三大部分进行协调时,要坚持以政府部门为核心,以社会组织为媒介,以高校为主力军,明确三大部分的彼此职责,形成合力,将保护具体落实到部门与个体手上。

随着高校篮球的改革发展,联赛的规模逐年增大,更需要有完善的法律法规,对高校篮球运作中所有参与主体的行为加以规范,这是联赛快速发展的基本保障。联赛发展必然伴随联赛文化的建设,高校篮球文化建设有利于联赛更好更快发展,中国高校篮球发展中应繁荣高校篮球文化,以期促进高校篮球联赛发展。

五、创建完善的文化保护机制

首先要创建顶层机构。在当前的新问题与新形势之下,为了能够更好地发挥出管理的作用,创建统一的领导顶层机构已成为亟待解决的重要任务。建议国家体育主管部门设立相关部门统筹高校篮球工作。在部门没有成立前,体育主管部门应积极主动地参与到高校篮球的现代化发展工作中,尤其是下辖的体育文化发展中心积极配合其他相关部门,制定出包括高校篮球在内所有高校体育的发展规划,对高校篮球的开发以及发展提供资金、人员等物质方面的保障。与此同时,提倡各高校、各社区建立篮球文化博物馆与展览馆,妥善保存并展示与高校篮球文化相关的各种资料。此外,还要设立高校篮球文化发展中心,创建高校篮球文化信息库,为高校篮球文化的现代化发展提供数据支持。

其次要强化理论研究工作。高校篮球的内涵异常丰富,怎样使高校篮球中的隐性资源转化为现实财富,促使其向现代化、科学化、系统化以及产业化的方向发展,为全民健身建设服务,可谓是一个需要尽快解决的重要问题。在社会飞速发展与高校篮球广泛传播的大背景下,高校篮球的现代化发展必将持续深化,逐渐发展为具有规范性与科学性的管理。所以,应当以现代理论与方法来研究高校篮球,制定出高校篮球短期与长远的发展目标,使高校篮球的现代化发展走向科学化、健康化、系统化的轨道,为其走向世界奠定良好的理论基础。

高校篮球的现代化发展不是一朝一夕就能完成的,因为高校篮球的内容丰富,历史发展与现状较为复杂,所以导致其现状与流变也有所差异。除此之外,人力资源、财物资源以及智力资源也较为有限。所以,应建议政府成立独立机构,在政策引导中实现高校篮球的现代化发展。

六、加大普及高校篮球发展知识

高校篮球教学是高校体育教学的重要组成部分,如果要想做好高校篮球的现代化发展工作,最为关键的就是搞好高校篮球发展的知识宣传与普及,让学生知道何为高校篮球,何为高校篮球文化。知识的宣传与普及,是对高校篮球进行现代化发展的前提。唯有在全面普及环境下才能做好各项后续工作,若想实现高校篮球发展知识的真正普及,就需要将高校篮球发展知识纳入体育教育全程。这主要是因为高校是传播篮球文化的重要载体,尤其是当代这批需要体育教育的新时代学子,将高校篮球纳入体育教育全程中是一种双赢。

七、努力适应体育全球化

首先要在这个过程中主动出击。在全球化背景下,体育文化的共享也成为必然趋势,闭门造车显然无法与时代发展相符合。所以,在体育全球化的大环境中,高校篮球应主动出击、不断开拓。时刻保持开放之姿,勇于同国内外高校、国内外俱乐部的篮球文化展开"较量"。高校篮球不仅要发展,更需要迈向国际环境,这就需要让广大人民群众,尤其是青年大学生喜爱篮球。所以,高校篮球并非是固定不变的,而应与时代发展紧密结合,融入更多的时代元素,赋予其全新的时代精神。载体于全球化的大环境中,唯有充分利用国际体育文化资源,同时不断弘扬高校篮球与时代相符、能够补益人类生活的元素,唯此,才能在提高国际竞争力之时,防止高校篮球的退步。

其次要在这个过程中科学处理传统与竞技的辩证关系。高校篮球是一种将诸多思想融合为一体的体育教学体系,这种体系不仅包含人本思想、和谐原则以及集体精神和爱国主义,也蕴含责任意识、人格追求以及生态观念。所以,务必要保持这种高校篮球所拥有的特性,唯此,才能在体育全球化环境中保持自身鲜明的高校篮球特色。

最后要在这个过程中寻找"和合"的基础点。从整体角度来看,"和合"具体指的是事物在冲突与融合的过程中,许多有形或无形产生"和合"、融合成新事物的总和,这些事物涵盖社会、文明、自然、心灵等多方面。在体育全球化的大环境中,"和合"是实现高校篮球现代化发展的坚实基础,唯有寻找到这个基础点,才能更加从容地应对全球化所带来的种种挑战与机遇,从而创造出高校篮球现代化发展的环境。

第九章　高校篮球游戏学练研究

篮球游戏是现代体育教学方法中越发受到重视的一项。鉴于篮球游戏具有的娱乐性特征,使得其在篮球教学中有着极其特殊的作用。通过篮球游戏将篮球技战术融入其中,使学生在游戏之中潜移默化地接受篮球训练、提升球感以及综合技能水平。为此,本章就主要对高校篮球游戏的学练方法进行指导。

第一节　篮球游戏的基本理论

一、篮球游戏的概念

篮球游戏是指以篮球和篮球场为主要道具和场所的,有特定目标和任务并在一定规则制约下组织的某种活动形式。

篮球游戏的内容丰富,形式多样,组织简便,氛围轻松,又由于其带有竞争性的因素,因此它对篮球教学训练有很大帮助,是篮球教学开始的热身运动或结束时的放松运动最好的选择。

篮球游戏大多是集体分队进行。篮球游戏在篮球训练中的意义在于,可以通过游戏培养球员的集体主义精神;培养勇敢顽强的优良品德和作风;提高观察与判断能力;有利于篮球意识的强化和形成。这些都对篮球教学训练的顺利进行起着积极的作用。

二、篮球游戏的特点

篮球游戏是体育游戏与篮球训练的结合。因此,篮球游戏具备了篮球训练和体育游戏两方面的特点。除此之外,篮球游戏还具有一些专属于它自身的特点。主要体现如下。

(一)目的性

篮球游戏的娱乐性和进行时的轻松氛围会让人容易忽略它存在的目的。它并不单纯是一项娱乐游戏,而是在游戏中蕴含着许多训练内容。例如,增强篮球球员的体质和提高他们的篮球技能就是篮球游戏的意义之一。

不同的篮球游戏拥有不同的针对性。比如有针对运球能力的培养,针对传球能力的培养等。此外,篮球游戏还具有合理安排运动负荷的作用,如在进行了大运动量训练后,安排一些篮球游戏予以调整球员的体能分配。

(二)灵活性

篮球游戏的灵活性体现在,游戏中的动作、路线、规则及场地器材都是根据参加者的实际情况进行设计、选择和变化的。其具体表现如下:

(1)篮球游戏中的动作,可以根据参加者的具体情况和不同要求作相应变化,可以是正常的跑、跳、投,也可以是变异的各种跑、跳、投,可以提出严格的动作规范,也可以淡化动作规范等。

(2)篮球游戏中的路线,可以根据参加者具体情况和不同要求作相应的变动,可以是直线、曲线,也可以是弧线、螺旋线;可以一次直接到达终点,也可以几个人接力到达终点。

(3)篮球游戏中的规则,需要简明扼要,不宜过分复杂。篮球游戏的规则可根据篮球游戏的目的,对活动的路线作不同限制,能产生不同的游戏效果。

(三)竞争性

篮球游戏的竞争性可以体现在比体能、技能与智力,或者是比与同伴协作的能力、集体写作能力和应变能力等。除此之外,篮球游戏还可以使弱者有机会成为获胜的一方,这也给实力强的一方提出了新的挑战,游戏者必须充分发动思维、积极思考游戏规则等内容,把握游戏的本质,才能反败为胜。因此,篮球游戏不仅能提高参与者的活动能力,还能培养他们的创造思维能力。

(四)趣味性

趣味性是一切游戏的根本属性,这也是篮球游戏中的重要属性。由于篮球游戏本身所具备的趣味性和休闲性,因此它可使球员在轻松愉快的氛围中进行,这对于情感调节、放松身心、娱乐休闲,开展趣味性竞争都有着积极的作用。球员轻松、自由、平等地参加游戏活动,把注意力集中于活动过程的乐趣上,从而获得自由表现的机会,并使参与者拥有一种轻松愉快的心境。篮球游戏过程中的随机性、偶然性,会使游戏参加者产生浓厚的兴趣和愉快成分,满足人们情绪、情感上的需求,产生愉快的情绪体验,这也是篮球游戏的魅力所在。

三、篮球游戏的训练任务与要求

(一)篮球游戏的训练任务

篮球游戏也是篮球训练内容之一,它的训练任务包括以下几点:

(1)正确、熟练地掌握篮球运动技术和技能。

(2)力求吸引球员始终保持持久的兴趣和旺盛的求知欲。

(3)调节和提高球员兴趣、减轻疲劳感,提高教学训练质量。

(4)提高球员的感觉器官和机能的敏感性、稳定性与思维能力。

(二)篮球游戏的训练要求

篮球游戏已经成为现代校园篮球教学和篮球专业运动队中经常使用的训练活动方法。在进行篮球游戏教学时,应注意以下几方面的基本要求。

1.满足篮球教学训练的需要

在制订篮球游戏教学计划时,要考虑到游戏的内容和方法是否符合球员所处年龄段的生理、心理两方面的发展需要。与此同时,还不能忽视篮球游戏对篮球训练的辅助作用,使游戏紧密配合篮球教学的任务,通过游戏提高球员的技能。游戏的内容不要过于复杂,否则会对教学效果产生一定的影响。

2.提高球员思维能力水平

通过篮球游戏,充分发挥球员的想象力和创造力,发展他们的思维,提高其认识能力。要做到这一点,要求教师在说教的同时,还要对球员进行积极的启发和诱导,从而提高球员的体力和智力水平,并有利于球员思维能力的形成和发展。

3.加强球员的思想品德教育

篮球运动是一个五人参与的团队体育项目,因此集体协作的特点就是篮球运动的本质属性之一。所以,在组织篮球游戏时也需要特别注意在游戏中包含团队和集体的意义在内。

在游戏中,球员之间需要团结互助、协同配合,加强集体观念。教练在篮球游戏教学中要做到因人施教,根据计划按部就班地进行;要尊重、关心球员,成为球员的良师益友;要做到公正裁判,准确评定成绩等,通过篮球游戏加强对球员的思想品德教育。

四、篮球游戏的创编步骤与原则

(一)篮球游戏的创编步骤

1.游戏任务的确定

作为一种具体游戏,篮球游戏的创编必须要有其具体的目的和任务。例如,为提高某项身体素质,培养某种兴趣等。

2.游戏素材的选择

篮球游戏素材要根据游戏的任务从篮球运动本体内容中来进行选择。例如,学习篮球某项技术,可以以该技术动作为素材。

3.游戏方法的确定

游戏方法通常包括游戏的准备、进行形式、队形及其变化、活动时间、空间地域范围及路线、接替方法和动作要求等内容。

4. 游戏规则的制定

制定游戏规则时,要注意正规的篮球规则的基本要求,要有利于运用技术与战术的规范要求,要明确合理与犯规、成功与失败的界限,制定出对犯规者的处理办法。另外,规则要有利于维护游戏的安全。

5. 游戏名称的确定

游戏名称要具有教育性、形象性、激励性和象征性,还要简单易懂,并能反映出该游戏的主要特点。

6. 游戏演试的示范

篮球游戏的创编,是为了更好地进行篮球游戏教学训练任务,对游戏进行科学合理的示范和演试,是篮球游戏获得训练效果的基础。

(二)篮球游戏的设计原则

篮球游戏本身具有辅助教学的作用,这个观点已经开始逐渐被广大体育训练工作者认可和重视。随着篮球运动的不断发展、创新,随之而来有越来越多的篮球游戏被设计出来。一个好的、富有实效的篮球游戏的设计需要按照一定的原则进行,主要包括以下几点。

1. 针对性原则

篮球游戏的设计应注意遵循针对性原则。为了符合这一原则,可根据本次教学和训练的目的和内容,球员的具体实际,教学训练的客观条件,如场地、器材、设备、天气等有针对性地设计游戏的内容、方法、规则,还可以针对不同的教育目的,有针对性地设计和选择不同的篮球游戏。

在篮球教学训练中,运用和组织游戏的根本目的是使球员体能健康得到加强,并有助于其掌握技术,培养品质,发展与篮球有关的各种思维能力。因此,只有遵循针对性原则,教学训练的任务才能真正落到实处。

2. 趣味性原则

趣味性是篮球游戏不同于篮球训练的根本因素,因此,设计篮球游戏时必须遵循趣味性原则。篮球游戏的趣味性更多地表现为具有较强的对抗、竞赛和竞争性。这种使人感到愉快的竞争、竞赛或对抗能有效地激发人的活力和潜在能力。

篮球游戏的趣味性,还在于设计者要设计和采用一些与日常习惯不同的动作,逐步提高动作的难度,或者还可以采用一些奇怪有趣的规则,使参与者能够全身心地投入到游戏之中,进而获得通过自己努力而取得成功的满足感。

3.教育性原则

在设计篮球游戏教学活动中要考虑到它是否包含教育性因素,即从游戏的设计、命名、形式、方法到具体要求,都要立足于它的教育价值,避免设计出的游戏过分强调趣味性。因此,在篮球教学训练游戏中,必须注意教育性原则,要重视培养参与者的道德品质、顽强作风、团结协作以及集体主义精神等。

4.安全性原则

在设计篮球游戏时需要考虑到安全因素。开展篮球游戏一般会选择篮球场作为场所,篮球和标志杆作为器材,从表面上看是相对较为安全的,但在设计某些针对性强的游戏时,也一定要注意贯彻安全性原则,避免参与者受伤,保证其身体安全。

在以篮球运动技战术为素材的游戏中,球员往往会由于兴奋性高,出现不注重动作质量的问题。因此,在设计篮球游戏时尤其要注意从游戏规则上保证动作规格,控制过大、过猛动作的出现,使球员的精力全部投入到做好游戏上面,从而达到学练统一的目的。

第二节 传接球类游戏

传接球是篮球运动的重要进攻技术。全面熟练地掌握传接球技术,才能把全队连成一个整体,充分发挥集体的力量,进而争得比赛的主动权。

传接球技术是与篮球运动同时出现的最早技术之一,经过一百多年的发展,其动作方式、种类之多可列篮球运动技术之首,大体上可包括五大类四十多种。但无论是哪一种方式,传球的动作过程都是由传球动作方法、球的飞行路线、球的落点三者组成的；接球则是由准备接球、接球、接球后的动作三个环节组成的。传接球的技术运用效果的好坏，主要表现在激烈对抗中能否及时、快速、隐蔽地传球到位，能否及时摆脱防守接到球，保护好球并迅速衔接下一进攻动作。要做到这一点，关键在于传球时前臂、手腕、手指的力量和动作的技巧，接球时上步卡位，伸手迎球动作和接球后迅速保护球，及时衔接下一进攻动作的强烈意识。此外，还涉及视野的扩大，意图的隐蔽以及能否与运球、突破、投篮等其他技术动作紧密结合等不可忽视的因素。

比赛的实践证明，传接球技术掌握及其运用的水平高低，不仅直接影响球队的战术质量和比赛胜负，更重要的是反映了球队队员的球场作风、篮球意识、整体观念以及协作精神，而这正是构成众多教练员和教师在进行教学训练时，明确要求球队队员不断提高传接球技术及其运用质量，做到"能传决不运"的重要原因，而这也同样是组织传接球游戏所要达到的根本目的。

一、"两人传两球"游戏

（1）"两人传两球"游戏的目的。使学生熟练各种传接球技术，提高手对球的控制能力。

（2）"两人传两球"游戏的场地器材。篮球场 1 个或平整的空地 1 块，每人 1 个篮球。

（3）"两人传两球"游戏的方法。学生两人一组，各手持一个篮球相对而立，两人同时依规定的传球方式把球传给对方，双方在传球出手的同时即准备接住对方的来球，直至规定的时间到，计算各组连续传球的次数，次数多者为胜。

（4）"两人传两球"游戏的规则。

①传接球次数计算是从其中一个开始，以"一传一接"为一次。

②传接球失误时，前所计的次数不算，重新开始重头再计。

（5）"两人传两球"游戏的建议。

可根据学生的传接球掌握情况决定传球方式,包括如下几点。

①一人传双手头上传球,另一人传双手胸前传球。

②两人都用双手胸前传球。

③一人用双手胸前传球,另一人用双手反弹传球。

④两人都用单手体侧传球,或单手低手传球,或原地推拨传球,或单手体侧传球。

二、"两人传三球"游戏

(1)"两人传三球"游戏的目的。提高学生的快速反应和手对球的控制能力。

(2)"两人传三球"游戏的场地器材。篮球场1个,每两人3个篮球。

(3)"两人传三球"游戏的方法。把学生分为两人一组,相距4~5米,面对面站立。两人用三个球做原地的单手体侧传接球,要让球不停运转直到规定时间到,累加其传球次数,次数多的组为胜。

(4)"两人传三球"游戏的规则。

①计算传球次数以开始手持两球的队员传球次数为准。

②三个球要始终保持运转,不能有明显停顿。

③传球失误时从失误处继续累加下去。

(5)"两人传三球"游戏的建议。

①此游戏适用于有一定技术水平的队友进行;传接球技术动作尚未规范时不宜采用。

②可根据球的数量,几个组同时开始或一个一个组进行。

三、"三人传四球"游戏

(1)"三人传四球"游戏的目的。强化传球出手速度,并要有余光观察的能力。

(2)"三人传四球"游戏的场地器材。篮球场一个,篮球若干个。

(3)"三人传四球"游戏的方法。队员按三人一组组成三角形分散站于场内,彼此相距 5 米,一人拿两个球,另两人各拿一球。游戏开始,按逆时针方向拿两球的人先传出一球,并立即传出第二个球。同时,第二个人和第三个人分别传出手中球,三人都要传球一出手立即接同伴的传球并迅速再传球出手。如此使四个球在三人手中不停传接。在规定时间内传接失误少者为胜。

(4)"三人传四球"游戏的规则。按竞赛规则进行。

四、"对墙传球"游戏

(1)"对墙传球"游戏的目的。提高传球的速度和准确性。

(2)"对墙传球"游戏的场地器材。平整的墙面,篮球若干个。

(3)"对墙传球"游戏的方法。在离墙 4 米左右画一标志线,队员呈连横排站立在标志线后,前排持球。墙上画出一边长为 30 厘米的正方形,游戏开始,每人用事先规定的传球方法连续对墙传球,每人传球 20~30次,如传在方块内算得 1 分。在规定的传球次数中看谁传在方块的球最多,多的为胜,站在后排的队员担任裁判,数出传准的次数。做完后,前后排交换,游戏继续。

(4)"对墙传球"游戏的规则。脚不许踩标志线。

(5)"对墙传球"游戏的建议。传球的距离可根据实际情况而调整,传球方式可改变。

五、"传球脱险"游戏

(1)"传球脱险"游戏的目的。培养灵敏素质,提高传球速度。

(2)"传球脱险"游戏的场地器材。篮球若干个。

(3)"传球脱险"游戏的方法。把全班学生按 8~10 人进行分组,每组手拉手面向里围成一个圆圈,并选一人站在圈外。游戏开始,圆圈上人互相做传球练习。圈外人则随球移动,看准时机,在某一人接到球但还未出之前,用手击他肩膀,击倒后两人交换位置,游戏继续进行,圈上人应尽量快速地将球传出去,使球在手中停留的时间极短,以防被圈外人击倒。

(4)"传球脱险"游戏的规则。

①传球失误、球脱手落地均为犯规,应与圈外人交换;

②圈外人必须击倒球正在手中者才算有效,在球已出手或尚未接到球时击拍无效。

(5)"传球脱险"游戏的建议。可增加圈外人数,也可增加篮球数。

六、"转身传球"游戏

(1)"转身传球"游戏的目的。培养灵敏素质,提高传球能力和脚步移动的协调性。

(2)"转身传球"游戏的场地器材。在场地上画长 20～30 米,宽 5～8 米的长方形若干个。

(3)"转身传球"游戏的方法。游戏者每三人一组,一块长方形场地。游戏开始,甲乙两人先在两端掷地滚球,丙在场内接球。先由甲掷,丙跑上接球后,转身传给乙,并就地做好接球准备,乙接球后又掷出地滚球,丙跑上接球传给甲,连续做 10～20 次后,轮换练习。

(4)"转身传球"游戏的规则。

①掷出的地滚球可在长方形内任意位置。

②接球人应跑上接地滚球,转身传出的球要准确,若传球失误则受罚。

(5)"转身传球"游戏的建议。根据对象和天气状况掌握运动量。

七、"坐地传接球比赛"游戏

(1)"坐地传接球比赛"游戏的目的。帮助学生熟练双手传接球技术,发展其上肢力量。

(2)"坐地传接球比赛"游戏的场地器材。篮球场 1 个或平整的空地 1 块,两人 1 个篮球。

(3)"坐地传接球比赛"游戏的方法。学生两人一组手持一球,相对伸直腿坐于地上,两人的双脚脚掌相抵。游戏开始,两人以规定传、接球方式坐在地上连续对传,直到传完规定的次数,先传完的组为胜。

(4)"坐地传接球比赛"游戏的规则。

①次数的计算以其中一人"一传一接"为一次计。

②传接球失误,重新开始,以前所传次数累计。

③在整个传球过程中,两人必须始终伸直腿坐地上,否则犯规,判其重新坐好后再从头计算次数,此前的次数取消。

(5)"坐地传接球比赛"游戏的建议。

①可改为仰卧起坐传球比赛。

②可改为先计算个人成绩,再计算全队成绩的方法。

③可改为在规定时间内计算各组累加次数的方法,累加次数多的组为胜。

④可以双手传、接球方式(如双手胸前传球、双手头上传球等)为规定方式。

八、"交叉步对传比多"游戏

(1)"交叉步对传比多"游戏的目的。学生在快速移动中熟练双手胸前传接球技术,提高移动中传接球时的手脚协调性。

(2)"交叉步对传比多"游戏的场地器材。篮球场 1 个,两人 1 个篮球。

(3)"交叉步对传比多"游戏的方法。两脚左右开立与肩同宽,向右交叉时,左脚经提前跨步落右脚的右侧,同时右脚向右迈一步成原姿势站立;向左交叉步的动作相同,方向相反。游戏开始,甲、乙两人约定甲持球原地不动,乙先做交叉步移动;乙向右做交叉一步移动时,在他的右脚落地的同时,甲传出的球到乙的手中,在原地把球传回给甲,同时做向左的交叉步移动,在他的左脚落地的同时,甲传出的球到乙的手中,乙再次把球传回给甲。如此循环下去,在规定的时间内比赛交叉步传接球次数的多少,多者为胜。传球方法以双手胸前传接球的方式为宜。

(4)"交叉步对传比多"游戏的规则。

①必须按规定步法和传、接球方法进行比赛,否则无效。

②计算次数以移动者的"一传一接"为一次计算。

③传接球失误,从失误处重新再计算。

(5)"交叉步对传比多"游戏的建议。

①可改为规定传接球次数,先完成的为胜。

②可改为以先计算全队中个人(或组)胜负次数,胜者得1分,然后把个人(或组)的得分累加得分多的队名次列前。

第三节 运球类游戏

在篮球技术中,运球是最基本的技术之一,也是篮球比赛中运用时间最长的技术。因此要想打好篮球,必须很好地掌握篮球的基本技术。然而在实际教学中如果按部就班地进行运球技术教学,有的学生就会因为运球的枯燥而降低对篮球的兴趣,特别是女生更是如此。而有的学生则因运球没学好就急着想打比赛,导致活动效果很差。在教学中适当使用运球游戏进行教学,可以使学生产生浓厚的兴趣,从而获得更好的教学效果。

运用游戏形式进行运球和持球突破技术的教学训练,其目的是让学生在游戏中掌握运球和突破的基本技术,培养其勇猛、顽强、果断的作风,提高其运用运球和突破技术的意识,使他们学会判断和掌握运球或突破时机,扩大视野,在提高个人实力的同时,提高球队的整体实力。

一、"对抗出局"游戏

(1)"对抗出局"的游戏的目的。提高学生对抗时的运球能力。

(2)"对抗出局"的场地器材。依人数的多少在场地内画几个与中圈等大的圆,篮球若干个。

(3)"对抗出局"的方法。依队员的对抗能力分为每两人一组,在一圆圈内各运一球,游戏开始,在控制好自己的球的情况下,两队员用肩膀互相挤推,力争把对方挤出圆圈,在规定的时间内,将对方挤出圆圈次数多的同学为胜,另一人受罚。

(4)"对抗出局"游戏的规则。

①只能用肩膀挤推,不能用手。

②在对抗过程中,若队员运球失控,判出圆圈一次。

(5)"对抗出局"的建议。分组时,要按能力均等的原则。

二、"运球绕人"游戏

(1)"运球绕人"游戏的目的。提高运球跑动能力,活跃课堂气氛。

(2)"运球绕人"游戏的场地器材。一个半场,篮球若干个。

(3)"运球绕人"游戏的方法。将学生分为人数相等的两组,两组间隔约5米面向站立,其中一组持球。游戏开始,持球同学运球跑向自己对面的同学,绕过该同学后运球回到自己原来的位置,将球传给对面的同学,绕过该同学后运球回到自己原来的位置,将球传给对面的同学,游戏重新开始,每一轮比赛最后回到原位置的同学判输,几轮比赛后被判的同学集体受罚。

(4)"运球绕人"游戏的规则。启动时不能向前抛球,运球不能走跑。

三、"运球攻守"游戏

(1)"运球攻守"游戏的目的。培养学生抬头运球习惯,培养灵敏素质。

(2)"运球攻守"游戏的场地器材。篮球场1个,篮球若干个,粉笔。

(3)"运球攻守"游戏的方法。把队员分成人数相等的3～4组,各组首尾相接站成半个球场大小的圆,面对圆心。游戏开始,各组排头两名或3名学生在圈内各一手持球,一手拿粉笔头,听教师哨音在圈内任一点开始运球,每个学生力争在运球的同时在另一学生背部画一痕迹。游戏者只攻不守。背部出现痕迹者退出游戏。第一退出者得1分,第二退出者得2分,依此类推,只剩一人时游戏结束,该学生为优胜者,得分最高。一轮结束计算各组得分后按次序进行下一轮。每人进行一次后,累计各组部分,按总分多少排出各组名次。

(4)"运球攻守"游戏的规则。运球不得出圈,只准在运球的同时进攻,画在背部有效。

(5)"运球攻守"游戏的建议。此游戏能提高学生变向、变速运球及用手感控制削球的能力,可在半场内进行。

四、"穿越丛林"游戏

(1)"穿越丛林"游戏的目的。巩固学生已学的各种运球突破技术,提高在快速运球中的控球能力。

(2)"穿越丛林"游戏的场地器材。篮球场1个,篮球若干个。

(3)"穿越丛林"游戏的方法。把学生分为人数相等的几组,每组5人左右为宜,前后间隔约1.5米,每组排头持球面向本组队员。游戏开始,各组持球队员用跳步急停后交叉步突破的方式依次突破本组队员,到队尾后用地滚球方式把球传到排头,自己与前一位同学间隔1.5米站立,依此类推,各组同学轮一遍,先做完的组为胜。

(4)"穿越丛林"游戏的规则。突破时走步的同学判为重做。

(5)"穿越丛林"游戏的建议。突破方式可改为急停后同侧步突破、运球后转身突破、提前变向突破等。

五、"持球突破投篮"游戏

(1)"持球突破投篮"游戏的目的。提高学生突破和投篮动作的衔接能力。

(2)"持球突破投篮"游戏的场地器材。篮球场1个,篮球2个,标志杆2个。

(3)"持球突破投篮"游戏的方法。在两个半球45°的3分线上各放一个标志杆,标志杆前1米处画一横线,把学生分为人数相等的两组成纵队站于标志杆后,各组排头持球。游戏开始,排头做交叉步突破至横线跳起投篮,投中后(不中要补中)自己抢篮板球传给本组第二位同学,依此类推,先做完的组为胜。

(4)"持球突破投篮"游戏的规则。必须使用规定的突破动作。

六、"运球相互拍打"游戏

(1)"运球相互拍打"游戏的目的。帮助学生熟悉球性,提高控制支配和保护球能力。

(2)"运球相互拍打"游戏的场地器材。篮球场 1 个,每人 1 个篮球。

(3)"运球相互拍打"游戏的方法。全体学生人手一球分散于半场(或 3 分线以内)内,自己运球并随时伸手拍打周围同伴的球,同时注意保护好自己的球不被别的同伴拍打。凡拍打到同伴球的学生得 1 分,持续 3～5 分钟后统计个人得分,分数多者获胜。

(4)"运球相互拍打"游戏的规则。

①只准在规定区域内相互拍打,否则算自动退出比赛。

②拍打到同伴的球一次得 1 分,被同伴拍打到一次失 1 分;统计时把得分减去失分即为个人得分。

(5)"运球相互拍打"游戏的建议。

①可进行几个 3～5 分钟,以提高游戏难度。

②可在计算个人得分的同时计算全队得分,全队得分高者获胜。

③可用每局淘汰最后 3 个或 5 个得分最低的队员的方法,以增加游戏的竞争性。

七、"救球"游戏

(1)"救球"游戏的目的。发展学生手指、手腕按球的能力。

(2)"救球"游戏的场地器材。篮球场 1 个,每人 1 个篮球。

(3)"救球"游戏的方法。把学生分成人数相等的两队成横排相对而立,每人面前放一个篮球。游戏开始,两排学生同时下蹲用最快速度把放在地上的"死"球拍"活"成原地高球姿势站立,在规定时间内站起来的人数多的队为胜。

(4)"救球"游戏的规则。

①只能用手、手腕的力量快速拍按球,使球变"活",不得把球拿起来。

②同队队员间已把球拍"活"的队员不得去帮助未把球拍"活"的同伴

把球拍"活"。

③不得以任何方式干扰对方拍"活"球。

④违反上述规定者为犯规,凡犯规者罚其把球连续拍"活"三次后才计成绩。

(5)"救球"游戏的建议。如果参加游戏的人数多或无法做到每人一个篮球,可把参加游戏的人分成若干个小组,每个组的人数与现有的球数相同,采用淘汰的方法进行对抗。

八、"运球追逐"游戏

(1)"运球追逐"游戏的目的。提高学生行进间运球技术,发展其运球的手、脚、眼的协调能力。

(2)"运球追逐"游戏的场地器材。篮球场1个,每人1个篮球。

(3)"运球追逐"游戏的方法。学生甲、乙两人一组各运一球分散于球场内任意跑动,规定教师吹一声长哨为甲追乙,两声短哨为乙追甲。游戏开始,随着教师哨声的变换,甲、乙两人在场内反复进行追逐与反追逐。追到对方并用手轻拍对方后背得1分,在规定时间内得分多者为胜。

(4)"运球追逐"游戏的规则。

①只有运着球追到对方并拍到对方背后才得分,若追到对方时运球失误,或拍到对方身体其他部位无效。

②双方在运球时要随时注意躲闪其他人的运球,以免发生碰撞,当发生碰撞被对方击拍到则算有效。

(5)"运球追逐"游戏的建议。

①也可改为个人得分基础上计算全队得分,得分高的队为胜。

②如参加的人数多,可分为几队轮流进行。

第四节　投篮类游戏

投篮是篮球运动最重要的基本技术,是最主要的得分手段,是决定篮球比赛胜负的关键因素。投篮与防投篮构成了篮球比赛中攻防矛盾的焦点。因此正确掌握和熟练运用投篮技术,不断提高投篮命中率,对于夺取比赛胜利具有重要的意义。

投篮是与篮球运动同时出现的技术,它始终随着现代篮球运动的发展而发展。当前投篮技术的发展趋势和特点具体表现在以下方面:投篮难度、命中率越来越高;投篮的攻击性、突然性、技巧性越来越强;投篮的动作方式及其变化越来越多;投篮的动作越来越趋向早(举球早)、高(出球点高)、快(出手快和突然)。因此投篮时要做到快、高、准、变就成为现代篮球比赛对投篮队员最基本的要求。

投篮的方式种类很多,但无论任何方式的投篮,其动作结构都包括准备、出手、结束三个阶段;包括持球动作、出手动作、瞄篮方法、球的飞行弧线、球的旋转五个要素;无论是结构还是要素,投篮出手都是影响投篮命中率的关键环节。为此,在投篮的教学训练中,严格要求队员规范地完成投篮动作的全过程,学会合理地控制、支配、调整动作各环节的力量、方向、速度、角度,以保证投篮出手的连贯性、协调性和整体用力性。组织投篮游戏的出发点和归宿也不过如此。

一、"罚球比赛"游戏

(1)"罚球比赛"游戏的目的。提高学生原地投篮技术动作的质量和命中率。

(2)"罚球比赛"游戏的场地器材。篮球场1个,篮球2个。

(3)"罚球比赛"游戏的方法。把学生分成人数相等的两队,两队面向球篮成纵队站立于罚球线后,排头各手持一个篮球。游戏开始,各队从排头开始依次罚球(可规定或不规定投篮方式),无论投中与否都由投篮队员自己去抢篮板球传给下一个队员,如此循环下去,直到以下几种情况结束。

①全队每人投篮出手一次,累计投中个数,投中个数多的队为胜。

②规定时间到,累计投中个数,投中个数多的队为胜。

③完成规定的投中个数,先完成的队为胜。

(4)"罚球比赛"游戏的规则。按篮球比赛的罚球规则执行。

二、"阻力投篮"游戏

(1)"阻力投篮"游戏的目的。提高学生快速移动能力和投篮能力。

(2)"阻力投篮"游戏的场地器材。篮架1副,弹性绳1根,篮球若干个。

(3)"阻力投篮"游戏的方法。把学生按两人一组分成若干组,第一组一名队员身上用弹性绳绑好,另一端固定,另一队员站在规定的区域内准备传球。开始的信号发出后,投篮的队员快速向前跑动,按同伴的传球投篮,每投一次,必须迅速后退,用手触固定点,然后再向前跑动接同伴的传球投篮,依此类推,直至规定的时间到,记录进球数,各组做完后,以投进球多的组为胜。

(4)"阻力投篮"游戏的规则。

①每人投篮时间为30秒,两人共1分钟。

②投篮姿势不限。

(5)"阻力投篮"游戏的建议。可限制接球区域和投篮姿势。

三、"攻守投篮"游戏

(1)"攻守投篮"游戏的目的。提高学生的灵敏性和应变能力,培养对抗意识和配合意识。

(2)"攻守投篮"游戏场地器材。篮球场1块,篮球2个。

(3)"攻守投篮"游戏的方法。将学生分为人数相等的两队,每队6~8人。双方各有一名队员手持球站在本方半场的端线外准备发球。游戏开始,当教师鸣哨后,各自发球开始比赛,两队同时在场上传球、运球、突破。力求将球投入对方篮内得分;同时又要设法阻截和防止对方将球投进本方篮内,并积极抢断对方的球,组织反攻,力争将其攻入对方篮内,规定时间内,以进球多者为胜。

(4)"攻守投篮"游戏的规则。比赛中出现犯规、违例、传球出界等情况时,均判对方在犯规违例方的半场发界外球。

(5)"攻守投篮"游戏的建议。本游戏运动量较大,时间不宜过长。

四、"跑投三十分"游戏

（1）"跑投三十分"游戏的目的。提高学生快速投篮的能力。

（2）"跑投三十分"游戏的场地器材。篮球场1个，篮球4个。

（3）"跑投三十分"游戏的方法。把学生分为人数相等的四队，每两队用一副篮架，各队在规定地点站好，排头各持1球。游戏开始，各队从排头起做原地跳投1次，罚球1次，都是自投自抢，无论投中与否，都把球传给下一个队员，其他队员依次按同样方法进行，按跳投投中得2分，罚球投中得1分的分值累计，直到投满30分，以完成得快慢排列名次。

（4）"跑投三十分"游戏的规则。

①严格限制投篮距离，跳投时的起跳点不能越过规定范围。

②不得故意干扰对方投篮。

（5）"跑投三十分"游戏的建议。

①根据队员的水平，对投篮动作提出不同的要求或规定。

②如果人数太多，可多分几队，用淘汰赛或擂台赛的方法抢投30分。

五、"上篮连中比快"游戏

（1）"上篮连中比快"游戏的目的。提高学生快速运球上篮技术运用能力。

（2）"上篮连中比快"游戏的场地器材。篮球场1个，两人1个篮球。

（3）"上篮连中比快"游戏的方法。把学生分为甲、乙两人一组的若干组，每组1个篮球。比赛开始，各组的甲首先上场，在两个球篮间快速运球上篮，如甲能按规定连中4球则算完成一组，可由本组的乙再上场以同样方法进行，若甲未能按规定完成一组，由乙上场以同样方法进行，直到甲、乙两人完成规定的组数；先完成的组为胜。

（4）"上篮连中比快"游戏的规则。

①只能是"上篮"，否则投中无效。

②凡出现走步、两次运球等违例现象，违例者已投中的次数取消并罚其重做。

（5）"上篮连中比快"游戏的建议。

①此游戏适用于人数少的队训练时用,但若参加人数多,可 3～4 人一组或分成若干队进行对抗。

②不一定要求上篮时连中,可要求每人投中若干个或两个累加投中若干个则可。

③为防止学生追求上篮命中率而减慢上篮速度,此游戏可改为单位时间内,累计上篮命中次数判胜负。

六、"1＋1"投篮游戏

（1）"1＋1"投篮游戏的目的。规范学生投篮动作,提高学生罚球或原地投篮的命中率。

（2）"1＋1"投篮游戏的场地器材。篮球场一个,篮球两个。

（3）"1＋1"投篮游戏的方法。把学生分为人数相等的两队,各成纵队站于罚球线（或指定的投篮点）后,排头各手持一球。游戏开始,从排头起依次进行"1＋1"投篮,即先投第一球,若投中则可投第二球;若第一球未投中,则把球传给本队下一个人,自己站到队尾,如此直到全队做完,累计所投中的球数多的队为胜。

（4）"1＋1"投篮游戏的规则。

①必须在规定的投篮点投篮,否则投中无效。

②必须以规定的投篮方式投篮,否则投中无效。

③球在投篮队员手中停留不得超过 5 秒,否则投中无效。

④每人只有一次"1＋1"的机会。

（5）"1＋1"投篮游戏的建议。

①可改为规定投中个数的方法,先达到规定投中个数的队为胜。

②可改为限定时间比赛的方法,在规定时间内投中次数多的队为胜。

③可根据情况规定或不规定投篮方式,如原地单手肩上投篮、原地双手胸前投篮、原地双手头上投篮、原地跳投、运球或接球急停跳等。

七、"抢胜三球"游戏

(1)"抢胜三球"游戏的目的。锻炼学生心理素质,训练学生在比分接近的情况下提高投篮命中率。

(2)"抢胜三球"游戏的场地器材。篮球场 1 个,篮球 2 个。

(3)"抢胜三球"游戏的方法。把学生分为人数相等的两队,在规定的点进行投篮比赛,比赛的顺序是甲 1、乙 1,甲 2、乙 2 交替进行,直到一方净胜 3 球为止。

(4)"抢胜三球"游戏的规则。

①队员必须按预定次序进行比赛,中途不得更改。

②比赛开始先做的一队如果先胜三球,后做的一队仍有一次投篮机会。

(5)"抢胜三球"游戏的建议。

①为活跃气氛,在队员投中后,本队队员最好能高声呼出胜过对方的次数,如"赢一个""赢两个"等,落后的队可以高呼"还差一个"等。

②投篮点和投篮方式可根据需要来确定。

八、"抢投得分"游戏

(1)"抢投得分"游戏的目的。磨炼学生的投篮基本功,提高对抗中快速出手能力和命中率。

(2)"抢投得分"游戏的场地器材。篮球场 1 个,每两人 1 个篮球。

(3)"抢投得分"游戏的方法。划定一个"投篮区"作为队员对抗的基本范围。把队员分为人数相等的甲、乙两队。游戏开始,双方各出一人进行对抗,两人均自投自抢进行防守。例如,甲方的甲 1 与乙方的乙 1 对抗,甲 1 持球并把球传给乙 1 同时上前封盖乙 1 的投篮,而乙 1 在接到甲 1 传来的球且尚未来得及投篮出手,并以同样方法去抢篮板球和把球传给甲 1 并对甲 1 进行防守。每人一次进攻机会。如此反复循环直至规定时间到,命中次数多的一方得 1 分;以后各组均按同样方法进行,直至双方全部轮完 1 次,以得分多的队为胜。

（4）"抢投得分"游戏的规则。

①投篮双方均不得超越投篮区的限制线，否则投中无效。

②双方接球后即出手，不得以运球或突破避开对方防守，否则投中无效。

③双方投篮后即冲抢篮板球并在获球的地方把球传给对方，不得走到对方面前交球接防守，否则算对方直接得1分。

（5）"抢投得分"游戏的建议。

①可在两个半场内同时进行4～6组的对抗。

②可根据情况规定或不规定投篮方式，延长或缩短投篮距离。

第五节　脚步动作类游戏

脚步动作游戏是通过各种突然、快速的脚步动作，达到进攻时能摆脱防守，防守时能跟住对手，以争得时间和空间主动权，进而有效地完成攻防任务的一种技术。它是篮球各项技术的基础，也是比赛中运用最多的一项技术。它对于掌握和提高其他技术、培养和发展学生的速度、力量、灵敏、反应、协调等基本素质以及培养用于克服困难的意志品质和勇猛顽强的作风，起着积极的作用。

移动技术包括走、跑、跳、停、转、滑、撤等20多种基本脚步动作方式。各种移动动作方式在比赛中的作用不尽相同。但无论是哪一种方式，其动作结构都主要以腰、膝、裸关节为轴的各种运动动作所组成，上肢加以协调配合，而且都是通过脚掌不同部位的蹬地、碾地或低地用力，配以脚、腿、腰、胯的协调用力来实现身体重心的转移和控制的。现代篮球比赛要求队员在比赛中运用各种脚步动作时，要做到突然、快速和多变。因此，队员进行移动技术教学训练，不仅要发展队员的判断、反应能力，提高身体训练水平，更重要的是培养队员变换身体重心和控制身体平衡的能力。

鉴于移动技术本身动作简单，对教学训练条件的要求不高，但练起来又较枯燥的特点，以游戏的方式进行移动技术教学训练，就成为篮球教学训练中常用的教学手段。从教学的角度来说，移动技术教学训练中很重要的两点：一是要与篮球的专项身体数值训练紧密结合；二是要与篮球的对抗技术，如运球与防运球、突破与防突破、传球与防传球、投篮与防投篮、接球与防接球等紧密结合。但从移动游戏的素材选择角度来说，则更着重于移动的单一技术动作和专项身体素质训练紧密结合。因此组织移动游戏的目的主要是掌握各种移动技术动作方法，学会在球场上正确地蹬地用力、转移身体重心、保持身体平衡的基本方法；掌握移动技术运用方法以及不同技术动作间的相互衔接要点，提高脚步移动的速度、速率、突然性和灵活性；在模拟比赛实战的情况下，提高移动技术与其他技术的快速转换能力。

一、"不倒翁"游戏

（1）"不倒翁"游戏的目的。锻炼学生的反应能力，提高学生的起动速度。

（2）"不倒翁"游戏的场地器材。篮球场 1 个，标枪或竹竿 1 根。

（3）"不倒翁"游戏的方法。学生围成一个圆圈向圆心站立，报数并记住自己的号码。教师在圈中央用手扶竖立在地面上的竹竿。然后让学生绕圆慢跑，教师随意叫某一号码，同时将竹竿放开跑进圆圈。被叫到号的学生应立即跑到中间扶住将要倒下的竹竿，并使其竖直，然后呼叫另一号，游戏继续，未来得及扶住竹竿者受罚。

（4）"不倒翁"游戏的规则。扶竿同学放手时不能有意加快杆的倾倒速度，放手后也要注意躲避下一位扶竿者的跑动路线。

（5）"不倒翁"游戏的建议。游戏人数以 15 人左右为宜，人数太多可分组进行，太少则要增加跑动半径。

二、"摸球追拍"游戏

（1）"摸球追拍"游戏的目的。训练起动、急停技术，提高速度素质。

（2）"摸球追拍"游戏的场地器材。在场地上画一个等边三角形，在三个顶角放三只立柱，在三角形中心点放一篮球。

（3）"摸球追拍"游戏的方法。分成人数相等的三个组，站在立柱后成纵队,面向中心点。游戏以三人一组进行,听到信号后,每组第一人按规定的跑动路线进行摸球,即甲组到中间摸一下球,随后绕过乙组立柱再到中心摸球,在绕过丙组立柱到中心摸球,最后回到甲组。在游戏进行过程中,三人中后一人追前一人,如追拍到前一人得1分,在追拍过程中,还要随时注意信号,如听哨声后做急停并要沿轨迹相反方向跑,如此以回到原位为第一轮结束,累积每组得分,以得分多的组为胜。

(4)"摸球追拍"游戏的规则。

①追拍必须按规定路线行进。

②摸球时不得使球滚动,发生移动必须放还原处。

三、"关门"游戏

(1)"关门"游戏的目的。提高滑步及关门防守技术,培养学生协同配合的精神。

(2)"关门"游戏的场地器材。篮球场一个,在场地上画几个与中圈等大的圆,篮球若干个。

(3)"关门"游戏的方法。在每个圆心上放一篮球(要使篮球固定不动),每组分4人防守和3人进攻站于圈内外。游戏开始,攻方利用身体虚晃、转身、急停及各种脚步动作设法进入圆圈触摸球,而防守则通过快速的移动及相邻两人的关门配合不让对方进入圆内,以2分钟内攻方能否进入圆圈触摸球判断胜负,然后交换位置游戏重新开始。

(4)"关门"游戏的规则。

①防守只能依靠快速移动,用身体来防守对方进攻,不能用手臂阻止对手。

②进攻方不能有推人动作。

(5)"关门"游戏的建议。进攻和防守的人数可适当增加或减少,但防守区至少比进攻多一人。

四、"团体赛跑"游戏

(1)"团体赛跑"游戏的目的。训练腿部力量,提高速度素质。

(2)"团体赛跑"游戏的场地器材。场上放几行等距离的立柱,将人数分成相应均等的几组,在端线外面对场内纵队站立(后一人抱住前一人腰)。

(3)"团体赛跑"游戏的方法。游戏开始,每组从端线出发,绕过所有立柱到另一端线,游戏以一组排尾先过端线为胜。

(4)"团体赛跑"游戏的规则。

①队伍不得松散,要集体通过端线。

②必须按图示路线跑动,不得触及标志杆。

③击掌时,下一位同学不准抢跑。

(5)"团体赛跑"游戏的建议。

①可通过增加标志杆的数量来增加跑动难度,改变标志杆的位置来改变跑动路线。

②标志杆可由见习生来顶替。

五、"大渔网"游戏

(1)"大渔网"游戏的目的。训练灵敏反应和脚步动作的灵活性,培养协同一致的配合能力。

(2)"大渔网"游戏的场地器材。在篮球场上进行,先指定两名队员担任"渔网",其他人在场内可以任意跑动。

(3)"大渔网"游戏的方法。游戏开始,担任"渔网"的第二名队员手拉手在场内跑动并设法用手触及其他人,被触到者加入"渔网"队伍,如此"渔网"逐渐扩大,直至场上剩下最后一名,游戏结束。

(4)"大渔网"游戏的规则。

①"渔网"不得松散,如松手触到人不算。

②不得离开球场跑动,被迫出界按触到论。

六、"急起急停"游戏

(1)"急起急停"游戏的目的。练习急停技术,提高快速起动能力。

(2)"急起急停"游戏的场地器材。篮球场一个。

（3）"急起急停"游戏的方法。学生成一列横队站于端线后，以教师哨声为信号向对面端线跑动。教师鸣哨，学生起动跑，教师再吹鸣哨，学生急停，如此进行。在最后一次鸣哨跑动后，先到达端线的学生为胜。

（4）"急起急停"游戏的规则。听到急停哨声应立即停止跑动，否则视为犯规。

（5）"急起急停"游戏的建议。

①为练习急停技术，可要求学生在第一轮游戏中采用跨步急停，第二轮游戏采用跳步急停。

②若与篮球运动规律相结合，起动信号应改为教师的手势或口令，急停信号用哨声。

七、"摸高快跑"游戏

（1）"摸高快跑"游戏的目的。提高学生的弹跳力，练习急停和转身的技术动作。

（2）"摸高快跑"游戏的场地器材。篮球场一个。

（3）"摸高快跑"游戏的方法。把学生分为人数相等的两队，各成纵队站于端线外。游戏开始，两队排头迅速起跑至中线用手摸中线后返回，在篮板下急停跳起摸篮筐两次，再拍击本组第二位同学的手，自己站队尾。能摸到篮板的学生要连续起跳三次再接力；摸不到篮板的学生在篮下尽力纵跳四次后再接力，先轮完的队为胜。

（4）"摸高快跑"游戏的规则。

①接力时，击掌后才能跑动，否则退回原处重新开始。

②触篮筐时不能手抓，否则重罚。

（5）"摸高快跑"游戏的建议。

①起跳前的跑动距离和方式可改变。

②起跳方式可改为单脚、双脚或单、双脚交替，触摸方式可改为单手触摸和双手触摸。

八、"贴膏药"游戏

（1）"贴膏药"游戏的目的。发展学生的反应、躲闪、奔跑、急停和转身能力。

（2）"贴膏药"游戏的场地器材。篮球场1个或平整的空地1块。

（3）"贴膏药"游戏的方法。学生两人成一组，每组间隔两臂左右，围成一圆圈站立；先由A、B两人开始，A指定为追人者，B则指定为被追者。被追者B可利用圆圈上的"人墙"做障碍，追逐者奔跑周旋，当即将被追人者A触摸到或不想再"奔逃"时，可跑到圆圈上某一组的左或右侧并紧贴其站立，临时组成3人并排的一组；此3人并排的最外侧（例如，若被追者B贴于该组左侧时，其最外侧为右侧，反之亦然）的队员应立即代替原被追者B成为新的被追者；原追人者A则换追这个新的被追者；若被追者在达到安全位置前被追人者触摸到，则两人角色互换，被追者反追追人者。如此反复进行。

（4）"贴膏药"游戏的规则。

①被追者和追人者均可在圈内外任意跑动，但不可能跑出规定的球场范围。

②被追者只有在其肩部紧靠某组左或右侧人的肩部后才为安全，否则算被追人者追到。

③被追者不得在某组的身后停留超过3秒；而追人者则不得在某组的两人间强行触及位于该组后面的被追者。

（5）"贴膏药"游戏的建议。

①此游戏可变化为两人前后站立，前贴后跑或后贴前跑。

②为提高练习密度，可同时由两对或三对相互追逐者开始。

③大家熟悉游戏方法后，游戏改为运球"贴膏药"。

参考文献

[1]王振涛.篮球教学理论与应用研究[M].北京:中国书籍出版社,2017.

[2]刘强.基于多维视角的高校篮球教学研究[M].北京:人民日报出版社,2017.

[3]李芝远.贵州省遵义市区示范性高中篮球教学现状与问题研究[D]哈尔滨:哈尔滨体育学院,2018.

[4]王峰.现代篮球运动的理论研究[M].北京:人民日报出版社,2013.

[5]王峰.篮球运动规律与技术原理分析[M].北京:科学出版社,2015.

[6]杨改生.中国篮球运动发展研究[M].郑州:河南大学出版社,2014.

[7]唐建倦.现代篮球运动教程:理论·方法·实践[M].广州:华南理工大学出版社,2014.

[8]孙民治.现代篮球高级教程[M].北京:人民体育出版 社,2017.

[9]李晓宇.新时期高校篮球教学改革路径与策略[J].当代体育科技,2018(06):110+112.

[10]朱明江.高校篮球运动教学开展的理论与实践[M].北 京:中国水利水电出版社,2017.

[11]严雪姣.高校篮球教学模式改革的设想与思路[J].体育世界(学术版),2018(01):148-149.

[12]孙海勇.篮球教学创新与系统训练研究[M]长春:吉林大学出版社.2019.

[13]王翠,周元.高校篮球课程教学优化与探索[M]北京:中国水利水电出版社,2018.

[14]刘青松.高校篮球运动教程[M].北京:中国水利水电出版社,2015.

[15]黄滨.翁荔.篮球运动[M].杭州:浙江大学出版社,2014.

[16]丛向辉.高校篮球运动开展研究与教学创新[M].北京:中国纺织出版社,2019.

[17]刘金鼎,丁敏,龚俊峰.现代体育管理与篮球管理基础知识[M].北京:人民日报出版社,2017.

[18]杨照亮.基于体育强国背景下现代篮球运动的教学与训练研究[M].长春:东北师范大学出版社,2018.

[19]谭晓伟,岳抑波.高校篮球教学开展的理论与实践研究[M].长春:吉林人民出版社,2018.

[20]肖春元.大学体育篮球教学改革研究[M].哈尔滨:黑龙江教育出版社,2019.

[21]高峰.现代高校篮球运动及其教学实践分析[M].北京:中国纺织出版社,2018.

[22]张艳秋.高校篮球教练员素养研究[M].北京:光明日报出版社,2021.

[23]战迅.现代高校篮球运动教学的内容设置与研究[M].北京:科学出版社,2018.

[24]尹承昊.中国人的篮球体能训练秘籍[M].北京:机械工业出版社,2015.

[25]许博.篮球规则图解(2015版)[M].北京:化学工业出版社,2015.

[26]邓礼胜.高校篮球教学质量提升的影响因素及发展趋势探究[J].青少年体育,2015(05):13-14.

[27]王新.高校篮球训练研究[M].长春:东北师范大学出版社,2019.

[28]闫萌萌,张戈.当代高校篮球教学与训练实践研究[M].太原:山西经济出版社,2021.

[29]刘强.基于多维视角的高校篮球教学研究[M].北京:人民日报出版社,2017.

[30]纪德林.高校篮球运动教学与训练的指导及优化[M].北京:北京工业大学出版社,2020.